KIRCHEN-
GESCHICHTE
IN BILDERN

Idee und Konzeption:
Jaca Book

Die ersten Christen

Illustrationen von
Antonio Molino

Patmos Verlag

Kirchengeschichte in Bildern

1. Die ersten Christen (bis 180)
2. Die junge Kirche (180-381)
3. Von der antiken zur christlichen Welt (381-600)
4. Die Zeit der Völkerwanderung (600-900)
5. Das Mittelalter (900-1300)
6. Die neue Welt (1300-1500)
7. Die Reformation und ihre Folgen (1500-1700)
8. Das Zeitalter der Revolutionen (1700-1850)
9. Die Kirche und die modernen Staaten (1850-1945)
10. Die Gegenwart (ab 1945)

Deutscher Text von Hans Hoffmann

Originaltitel:
I primi Cristiani
La chiesa e la sua storia

1. Auflage 1980
Satz: Genreith & Gerards, Kaarst
Druck: Jaca Book, Mailand
Farbauswahl: Carlo Scotti, Mailand
ISBN 3-491-79241-X

Ein Volk ist auf der Flucht. Der Weg endet am Meer. Die Verfolger kommen näher. Alles scheint verloren. Da öffnet sich das Wasser, und die Verfolgten gehen durch das Meer hindurch wie durch einen langen Hohlweg. Als alle glücklich am anderen Ufer sind, stürmen die Verfolger in den Hohlweg. Da stürzt das Wasser über ihnen zusammen, und sie ertrinken.
Oder man will einen alten Mann verbrennen, der nicht tut, was die Mächtigen von ihm verlangen. Der Holzstoß, auf dem der Mann steht, wird angezündet. Die Flammen berühren seinen Körper nicht, sondern bilden eine Glocke, in welcher der alte Mann unversehrt bleibt.
Ereignisse wie diese werden uns vor allem im ersten Band dieser Kirchengeschichte häufiger begegnen. Da wird der eine oder andere fragen: „Klingt das nicht ein bißchen wie aus einem Märchenbuch? Ich will keine Zaubergeschichten lesen, sondern erfahren, was damals tatsächlich geschehen ist."
Wir werden uns bemühen, soviel an Tatsachen aufzuspüren wie nur möglich. Nur ist das bei der Darstellung von Ereignissen, die mehrere tausend Jahre zurückliegen, sehr viel schwerer als bei der Schilderung von Menschen und Begebenheiten, die uns zeitlich näher liegen. Vor drei- oder zweitausend Jahren gab es noch keine Journalisten oder Fotografen, die das Zeitgeschehen aufmerksam hätten beobachten und in Wort und Bild festhalten können. Dies bedeutet aber nicht, daß damals gar nichts beobachtet und aufgeschrieben worden wäre. Nur hatten die Schriftsteller der Israeliten und die Anhänger Jesu überhaupt kein Interesse daran, haargenau zu berichten, was sie gehört hatten oder selbst erlebten. Sie wollten vielmehr darstellen, wie Gott sich um die Menschen kümmert; und um das zu betonen, schmückten sie ihre Berichte mit außerordentlichen Begebenheiten aus. Sie wollten sagen: „Schaut her! So sehr ist Gott mit denen, die auf sein Wort hören."
Sie wollten also keine Tatsachenberichte schreiben, sondern die Großtaten Gottes verkünden. Dennoch enthalten ihre Schriften so viele Tatsachen, daß wir zumindest über die Richtung der Ereignisse sagen können: So ähnlich könnte es gewesen sein.

In dieser Gegend hat die Geschichte der Kirche angefangen:
zwischen dem Galiläischen Meer oder See Gennesaret (auf der Karte lateinisch: „Mare Galilaeae") und dem Toten Meer (auf der Karte: „Mare Mortuum"), entlang dem Jordan.
Bedeutende Orte, wo Jesus selbst gewirkt hat: Betlehem, Nazaret, Kafarnaum, Kana, Betsaida.
Damaskus und Caesarea waren Schauplätze des Lebens des Paulus.

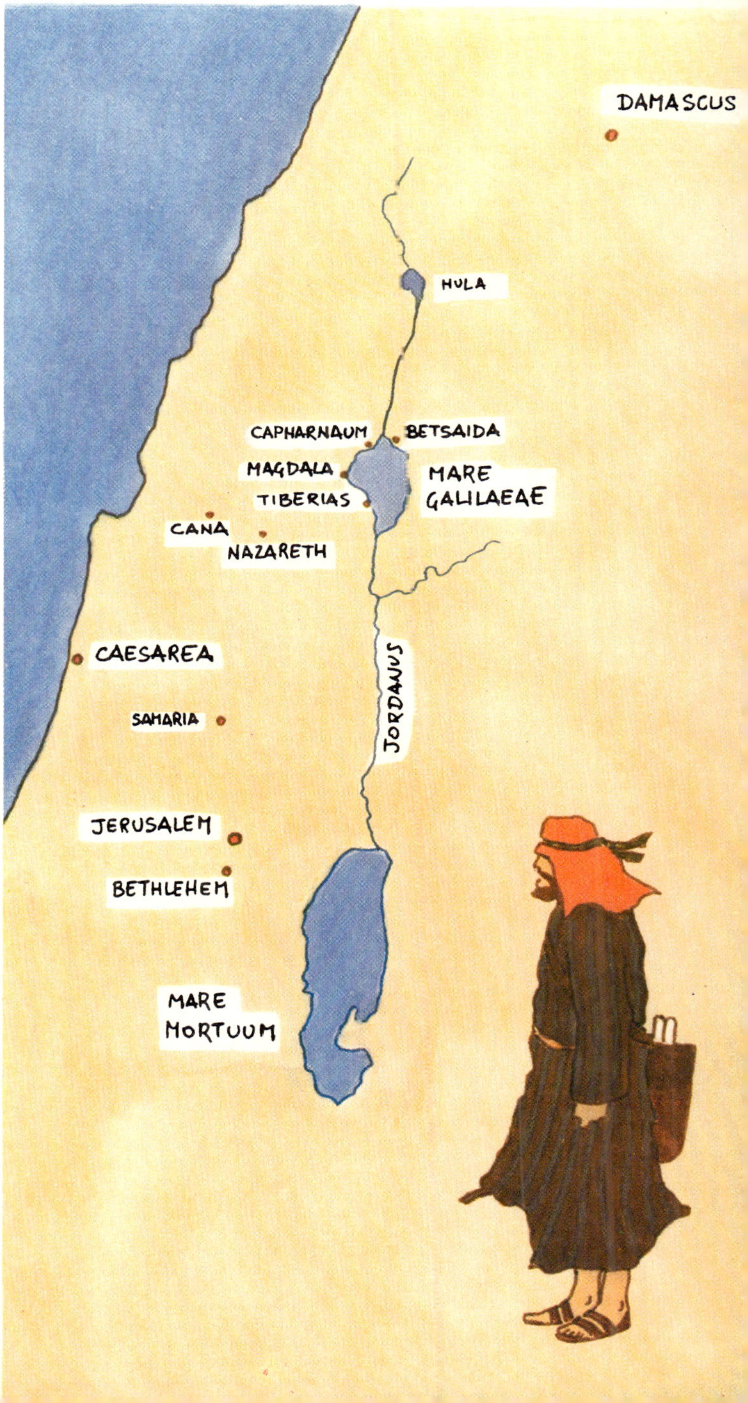

1 Angefangen hat es damit, daß Gott sich das Volk Israel aussuchte und sein treuer Freund wurde.

Die Kirche Jesu Christi war nicht auf einmal da. Sie ist gewachsen ähnlich wie ein Baum, und ihre Wurzeln reichen tief in die Vergangenheit hinein.

Angefangen hat es vor nicht ganz 4000 Jahren in der syrisch-arabischen Wüste. Dort hörte ein Bauer mit Namen Abram plötzlich eine Stimme. Die sagte ihm, er solle mit seiner Frau und seinem Vieh nach Kanaan an der Mittelmeerküste ziehen. Dies war die Stimme Gottes. Als sie in Kanaan angekommen waren, sagte Gott zu Abram: „Dieses Land soll dir und deinen Nachkommen gehören. Ich habe euch aus vielen Völkern ausgesucht, und ihr sollt mein Volk sein." Zum Zeichen, daß Abram viele Nachkommen haben würde, änderte Gott seinen Namen in Abraham um. Das bedeutet: Vater vieler Völker. Und obwohl Abrahams Frau schon alt war, bekam sie noch Kinder.

Das ist der Anfang des Volkes Israel. Gott schließt mit den Israeliten einen Bund. Sie sollen sich nicht, wie viele Menschen um sie herum, irgendwelche Götter erfinden, sondern an ihm, Jahwe, dem einzigen und wahren Gott, festhalten. Dafür will er ihnen in allen Gefahren beistehen, denn er ist ein treuer Gott. Er hat Großes vor mit seinem auserwählten Volk. Von ihm sollen Heil und Frieden für alle Menschen ausgehen.

Einer der Söhne Abrahams, Jakob, zog mit

den Israeliten nach Ägypten, wo sein Sohn Josef ein berühmter Mann geworden war. Als Josef tot war, wollten die Ägypter die Israeliten loswerden. Alle neugeborenen Jungen der Israeliten warfen sie ins Wasser, und die Männer mußten schwerste Arbeit tun.
Doch Gott verließ sein Volk nicht. Er gab ihm einen Retter, Mose. Dieser führte die Israeliten aus Ägypten heraus. Auf dem langen Weg zurück in ihre Heimat hatten sie es schwer, aber Gott half ihnen immer. Durch Mose ließ er ihnen damals seine Weisungen verkünden. Diese sagten ihnen, wie sie leben sollten. Doch viele Israeliten hielten sich nicht an Gottes Wort. Einige machten sich sogar Götterbilder aus Gold und Stein. Aber Gott brachte sie immer wieder auf den rechten Weg zurück.
Als Mose gestorben war und sie wieder in ihrer Heimat waren, machten Könige, wie David und Salomo, Israel zu einem starken Staat. Wieder erfanden sich viele Israeliten Götter und vergaßen die Weisungen und die Wohltaten Gottes. Dieser ermunterte furchtlose Männer, die Vergeßlichen an sein Wort zu erinnern. Doch das Volk hörte nicht auf diese Männer, die man auch Propheten nennt, und so ließ Gott es zu, daß der König von Babylon alle Israeliten als Gefangene mitnahm.
Aber Gott ließ sie dort nicht ohne Trost und Hoffnung. Sie erinnerten sich, daß die Propheten von einem Licht, von einem Retter gesprochen hatten, und so faßten sie wieder Mut. Endlich konnten sie in ihr Heimatland zurückkehren. Doch es dauerte nicht lange, da kam ein neuer Feind.

2 Die Juden
leben schon längere Zeit
in Palästina,
da kommen die Römer
und besetzen das Land.
Die unterdrückten Juden
hoffen,
daß der versprochene Retter
kommen wird.

Markttag in Nazaret, einem nicht sehr bedeutenden Ort in Palästina. Es ist vor ungefähr zweitausend Jahren. Irgendwo an einem Fenster oder am Rand des Dorfplatzes steht auch ein Mädchen namens Maria. Sie weiß, daß die Leute hier und im ganzen Land unzufrieden sind.
Sie sind nämlich nicht mehr frei. Soldaten aus dem fernen Rom halten das Land be-

setzt. Wer sich gegen sie auflehnt, wird eingesperrt oder hingerichtet. Und sie verlangen von den Juden immer mehr Geld. Da erinnern sich viele Leute an die Verheißung der Propheten, daß Gott einen Befreier und Friedensbringer senden wird. Sie glauben, daß er die Römer aus dem Land treiben und dann vielleicht ihr König wird.
Natürlich wäre auch Maria froh, wenn die römischen Besatzungssoldaten das Land verlassen würden. Sie will bald heiraten, und nun hat sie gehört, daß alle Ehepaare im Heimatort des Mannes erscheinen müssen, um sich in Steuerlisten eintragen zu lassen. Die Römer brauchen nämlich wieder mehr Geld. Würden die römischen Soldaten aus dem Land gejagt, brauchten Maria und ihr Mann die beschwerliche Reise nach Betlehem nicht zu machen.
Aber, so fragt sich Maria, und viele Juden fragen sich das auch, wäre dann alles gut, wenn die Römer endlich fort wären? Haben

die Propheten nur einen Kriegshelden verheißen? Das wäre schade, und es wäre zu wenig. Denn nicht an allem sind die Römer schuld.
Viele Juden machen sich gegenseitig das Leben schwer. Sie halten sich zwar genau an die Weisungen, die Gott ihnen gegeben hat, aber sie tun es ohne Liebe. So hat Maria gehört, daß sie ein Rind, das am Sabbat, dem Ruhetag, in eine Grube gestürzt war, nicht herausgeholt haben, weil am Sabbat jede Arbeit verboten ist. Ob Gott tatsächlich so etwas will? Er hat sicher nichts dagegen, daß man Notleidenden auch am Sabbat hilft. Und ist es richtig, eine Frau gleich mit Steinen totzuwerfen, wenn man herauskriegt, daß sie sich mit einem anderen Mann getroffen hat? Warum spricht man nicht erst einmal mit ihr?
Es muß vieles anders werden, wenn es besser werden soll in Israel. Viele Juden hoffen, daß der Heilbringer manches ändern wird.

3 Eines Tages kündigt ein Bote Gottes dem Mädchen Maria an, daß sie den von den Propheten verheißenen Heiland zur Welt bringen wird.

Doch wann würde der Retter, der Messias, kommen?
Überall hielten die Juden nach ihm Ausschau. Sie blickten zum Himmel und riefen den Wolken zu, sie möchten den Retter herunterregnen, und zur Erde sagten sie, sie solle den Messias wie eine Pflanze ans Tageslicht heraufschicken.
Sie fragten in den Straßen, ob einer den Messias gesehen habe. Doch niemand hatte ihn gesehen. Viele sagten sich: „Dann wollen wir an ruhigeren Orten auf ihn warten: draußen in der Wüste oder in unseren Häusern.“ Und sie wurden ganz still und warteten.
Zu diesen Stillen gehört auch Maria. Sie ist zu dieser Zeit 14 oder 15 Jahre alt. Sie wird bald den armen Schreiner Josef heiraten, einen stillen, guten Mann. Maria denkt an vieles: an die Hochzeitsvorbereitungen, an die Gewalt, die die Besatzungssoldaten ausüben, an den versprochenen Retter. Während sie so über vieles nachdenkt, vielleicht denkt sie auch an ein neues Kleid, ist plötzlich jemand bei ihr im Zimmer. Sie hat nicht bemerkt, daß einer hereingekommen ist. Es ist ein Bote Gottes. Natürlich ist Maria erschrocken. Der Bote sagt: „Sei gegrüßt, Maria. Gott ist mit dir.“ Er sieht, daß Maria immer noch Angst hat, deshalb fährt er fort: „Du brauchst keine Angst zu haben, Maria. Aus allen Frauen hat Gott dich ausgesucht. Denn hör nur: du wirst einen Sohn bekommen, und du sollst ihn Jesus nennen. Er

wird ein großer König sein und Sohn Gottes genannt werden. Er ist der Heiland, der Heilbringer, den die Propheten verheißen haben, und er wird auf immer herrschen."

Maria überlegt einen Augenblick, dann fragt sie: „Aber wie kann ich denn jetzt schon Mutter werden? Ich bin doch noch nicht verheiratet." Der Bote Gottes antwortet ihr: „Gott, kann alles. Der Heilige Geist wird über dich kommen, und dann wirst du Mutter werden."

Immer noch schaut Maria den Boten fragend an. Sie kann das alles noch gar nicht fassen.

Der Bote spricht: „Ich sage dir, wenn Gott will, ist alles möglich. So wird auch deine Verwandte Elisabet einen Jungen bekommen."

„Elisabet?" fragt Maria erstaunt, „aber sie ist doch schon zu alt, um noch Kinder bekommen zu können."

Der Bote erwidert: „Sie ist schon seit sechs Monaten schwanger, und sie wird einen Sohn bekommen, weil Gott es will."

Als Maria das hört, ist sie ganz still. Dann sagt sie: „Ich will alles tun, was Gott von mir will. Ich bin bereit." Dann ließ der Bote sie allein mit ihrem Staunen.

4 Als Josef, der Verlobte der Maria, sieht, daß sie ein Kind bekommen wird, will er die Verlobung auflösen. Doch ein Bote Gottes sagt ihm im Traum, daß das Kind vom Heiligen Geist kommt und der ersehnte Heiland ist. Josef trennt sich nicht von Maria.

Josef, der Verlobte der Maria, bemerkte nach einiger Zeit, daß sie ein Kind bekommen werde. Er wehrte sich lange gegen den Gedanken, doch dann sagte er sich: „Sie muß mit einem anderen Mann zusammengewesen sein."

Er war enttäuscht und traurig, denn er liebte Maria. Aber da sie jetzt ein Kind von einem anderen bekam, konnte und wollte er sie nicht mehr heiraten.

Nun hätte er sie einfach anzeigen können. Sie wäre dann wegen Ehebruch verurteilt und vielleicht sogar mit Steinen beworfen worden; denn nach israelischem Gesetz galt die Verlobte eines Mannes schon als seine Ehefrau. Doch Josef war ein guter Mann und wollte Maria das Gerede der Leute und eine Verurteilung wegen Ehebruch ersparen. Deshalb dachte er daran, von sich aus die Verlobung zu lösen und ihr einen Scheidungsbrief zu geben. Damit wäre die Verbindung zwischen den beiden ohne großes Aufsehen gelöst gewesen, und Maria wäre zwar nicht das Gerede der Leute, wohl aber eine harte Bestrafung erspart geblieben.

Als er wieder einmal voller Kummer mit diesen Gedanken einschlief, erschien ihm im Traum ein Bote Gottes und sprach zu ihm: „Josef, ich weiß, was dich bedrückt. Aber habe keine Angst, Maria zu heiraten; denn das Kind, das sie zur Welt bringen wird, ist nicht von einem anderen Mann, sondern vom Heiligen Geist. Es wird ein Junge sein, und du sollst ihn Jesus nennen. Er wird sein Volk von allem Bösen frei machen."

Josef dachte nach. Ob dieser Jesus der so heiß ersehnte Retter und Heilbringer war? Da erinnerte er sich eines Wortes des Propheten Jesaja: „Ein Mädchen wird einen Sohn bekommen, den wird man Immanuel nennen, daß heißt: *Gott ist mit uns.*"

Und hatte der Bote nicht gesagt, der Junge solle Jesus heißen? Jesus bedeutete so viel wie *Gott ist Hilfe.*

Ob es Gottes Wille war, daß Maria den Heiland zur Welt bringen sollte? Durfte er, Josef, sie da einfach fortschicken und sie allein lassen mit ihrem Kind?

Als er aufstand, war es für ihn klar, daß er zu Maria halten würde. Und er wollte jenem geheimnisvollen Kind, das da geboren werden sollte, ein guter Vater sein.

Ausgerechnet kurz vor der Geburt des Kindes mußte Josef mit Maria die beschwerliche Reise nach Betlehem unternehmen. Dort mußten sie sich in eine Liste eintragen lassen. Die Römer wollten nämlich wissen, wie viele Leute in ihrem Reich wohnten, zugleich brauchten sie diese Listen, um zu wissen, von wem sie Steuern fordern konnten. Josef machte sich große Sorgen, denn der lange Ritt auf einem Esel ist für eine hochschwangere Frau nicht gut. Und was sollten sie tun, wenn mitten auf dem Weg die Wehen einsetzten und das Kind am Straßenrand zur Welt kam?

5 Obwohl Maria bald ihr Kind erwartet, muß Josef mit ihr nach Betlehem.
Weil alle Häuser übervoll von Menschen sind, müssen Maria und Josef in einem Stall übernachten.
Hier kommt Jesus zur Welt.
Hirten sind die ersten Besucher im Stall.

Auf dem Weg nach Betlehem hat Josef noch eine andere Sorge. Viele Leute sind dorthin unterwegs, und jedes Haus wird voll von Menschen sein. Wird er wenigstens für Maria eine Unterkunft finden?
Es ist, wie er befürchtet hat. Betlehem ist übervoll von Menschen, und auch in der

Herberge ist kein Platz mehr frei. So bleibt ihnen keine andere Wahl, als in einem Stall zu übernachten.
Hier wird Jesus geboren. Maria wickelt ihn in Windeln und legt ihn in einen Futtertrog, aus dem sonst die Tiere fressen.
Der Retter Israels und der Heiland aller Welt kommt ausgerechnet in einem armseligen Stall zur Welt. Wer wird schon glauben, daß dieses Kind armer Eltern der lang erwartete Heil- und Friedensbringer ist?
Nicht weit von diesem Stall bewachen Hirten eine Herde Schafe. Plötzlich erblicken sie einen Lichtschein, der heller ist als die Glut des Lagerfeuers, an dem sie sitzen. Sie haben Angst. Der Bote spricht zu ihnen: „Ihr braucht keine Angst zu haben. Ich habe nämlich eine freudige Botschaft für euch

und für alle Menschen. Heute ist in Betlehem der Heiland geboren worden, Christus, der Herr."
Da fragen sich die Hirten, wo sie das Kind finden können mitten in der Nacht und unter so vielen Menschen. Der Bote errät ihre Gedanken und sagt: „Das Kind liegt in einem Futtertrog, und es ist in Windeln gewickelt wie andere Kinder auch."

Mit einemmal erscheinen noch viele andere Boten Gottes und singen: „Ehre sei Gott in der Höhe und Friede allen Menschen, die Sehnsucht haben nach einer besseren Welt." Die Hirten finden das Kind, und sie freuen sich sehr. Sie laufen durch die Straßen und erzählen allen, was sie erlebt haben. Die Leute wundern sich. Viele eilen zum Stall, um den Heiland zu sehen.

6 Alle Welt soll wissen, daß Jesus, der Heiland aller Menschen, endlich gekommen ist. Gott schickt drei weise Männer aus dem Osten nach Betlehem. Sie huldigen Jesus wie einem König.

Damit hatte Gott sein Versprechen wahrgemacht: Der Heiland war geboren, der Retter war erschienen.
Aber außer ein paar Leuten in Betlehem wußte noch niemand, daß der Heiland endlich gekommen war. Wie konnte es die übrige Welt erfahren?
Es dauerte nicht lange, da erschienen in Jerusalem drei weise Männer von weither aus dem Osten und fragten, wo der neugeborene König der Juden sei. Sie erzählten, sie seien einem Stern gefolgt, der habe sie in dieses Land geführt.
Die Leute sagten: „Wovon redet ihr? Wir haben doch einen König. Er heißt Herodes." Die drei weisen Männer schüttelten den Kopf und sagten: „Den meinen wir nicht." Als König Herodes hörte, daß die drei Männer nach dem neugeborenen König der Juden suchten, bekam er einen Schrekken. Denn wenn ein neuer König kam, mußte er gehen. Also rief er die weisesten Männer Jerusalems zusammen und fragte sie, ob sie wüßten, wo hier ein König geboren worden sei. Die Männer schauten in den Schriften nach und sagten: „Hier steht, daß er in Betlehem geboren wird."
König Herodes überlegte, wie er das Kind finden und aus dem Weg schaffen könnte. Er sagte zu den drei weisen Männern: „Wenn ihr das Kind in Betlehem gefunden habt, kommt hier vorbei und sagt mir, wo es ist. Dann will auch ich hingehen und ihm Geschenke bringen." Die drei Männer folgten weiter dem Stern, bis er über der Stelle stehenblieb, wo Jesus war.
Sie gingen hinein und erblickten Jesus mit seiner Mutter. Josef war auch da. Sie freuten sich, daß sie endlich am Ziel waren, fielen vor Jesus auf die Knie und erwiesen ihm alle Ehren, die man Königen erweist. Auch die Geschenke, die sie mitgebracht hatten, machte man damals nur den Königen: Gold, Weihrauch und Myrrhe, ein wohlriechendes Harz.
In der Nacht hörten sie im Traum eine Stimme: „Geht nicht zu Herodes zurück, um ihm zu sagen, wo ihr das Kind gefunden habt. Er hat nämlich die Absicht, es zu töten."
Deshalb ritten die drei Weisen nicht über Jerusalem, sondern kehrten auf einem anderen Weg in ihr Land zurück. Sie erzählten überall, daß das Heil der Welt erschienen war.
Auf diese Weise erfuhren auch die Menschen, die nicht Juden waren, daß Gott seinen eigenen Sohn auf die Erde geschickt hatte, um mitten unter den Menschen zu sein und ihnen Gottes Willen zu verkünden.

7 In aller Stille bereitet sich Jesus in Nazaret auf sein öffentliches Auftreten vor. Den Weg bereitet ihm sein Vetter Johannes. Dieser ermahnt die Leute, das Schlechte abzulegen. Zum Zeichen der Erneuerung tauft er sie. Auch Jesus läßt sich von Johannes taufen. Während dieser Taufe sagt die Stimme Gottes, daß Jesus Gottes eigener Sohn ist.

Nachdem das Kind stark genug für eine längere Reise war, kehrten Maria und Josef mit ihm nach Nazaret zurück.
Über die Kinder- und Jugendjahre Jesu wissen wir nicht viel. Nur über ein Ereignis besitzen wir einen kurzen Bericht.
Jesus ist zu der Zeit zwölf Jahre alt. Er ist zur Feier eines hohen Festes mit seinen Eltern nach Jerusalem gegangen. Plötzlich ist er verschwunden. Maria und Josef suchen ihn überall. Schließlich finden sie ihn im Tempel. Er sitzt mitten unter den Lehrern und spricht mit ihnen. Seine Mutter sagt ihm, sie hätten sich solche Sorgen um ihn gemacht. Jesus antwortet: „Gott, mein Vater, hat gewollt, daß ich mit diesen Männern sprach." Dann geht er mit ihnen nach Nazaret zurück.
Mit etwa dreißig Jahren verläßt er sein Elternhaus, um im Land umherzuziehen und Gottes Wort zu verkünden.
Als er von Nazaret weggeht, weiß er noch nicht, daß sein Vetter Johannes, der Sohn der Elisabet, dabei ist, die Leute auf das öffentliche Auftreten des Heilands vorzubereiten. Und Johannes weiß nicht, daß Jesus zum Jordan unterwegs ist.
Johannes gehörte zu einem Kreis von Israeliten, die sich ganz einfach kleideten und nur das Notwendigste aßen. Sie lebten nicht in den lauten Städten, sondern in der stillen Wüste. Mit Gebet und Arbeit erwarteten sie den verheißenen Messias.

Nun war Johannes aus der Wüste an den Jordan gekommen, um den Leuten zu sagen, daß der Messias bald erscheinen werde. Er rief sie auf, dem Heilbringer den Weg zu bereiten. Da fragten ihn die Leute: „Wie sollen wir das tun?" Johannes erwiderte: „Kleidet die Frierenden und gebt den Hungernden zu essen, und wer einem anderen etwas weggenommen hat, der gebe es ihm zurück."
Zum Zeichen, daß sie das Böse ablegen und ein neues Leben anfangen wollten, ließen sie sich von Johannes taufen.
Einige von ihnen fragten sich, ob Johannes vielleicht der verheißene Messias sei.
Johannes sagte: „Ich bin es nicht. Der wahre Messias ist noch unterwegs."
Da kam Jesus an den Jordan. Johannes erkannte in ihm sofort den Messias. Jesus sagte zu ihm: „Taufe mich." Johannes erwiderte: „Du müßtest mich taufen. Mir steht es nicht zu, dich zu taufen." Aber Jesus bestand darauf, daß Johannes ihn taufte. Da hörte er eine Stimme: „Dieser ist mein geliebter Sohn, den ich von Herzen liebe."

8 Jesus sucht sich Mitarbeiter, die ihm helfen sollen, die Frohbotschaft Gottes unter den Menschen zu verbreiten.

In Israel kam es, wie anderswo auch, durchaus vor, daß Männer und gelegentlich auch Frauen einem Lehrer oder einem Propheten folgten. Sie hörten auf seine Worte und versuchten, so zu leben wie ihr Meister. Solche Anhänger oder Schüler nennt man Jünger.
Auch Johannes, der Jesus im Jordan getauft hatte, wurde von Jüngern begleitet. Eines Tages, als er mit zweien von ihnen sprach, kam Jesus vorbei. Johannes sagte: „Da kommt Gottes Sohn.“ Die beiden Jünger des Johannes folgten Jesus. Dieser fragte sie, warum sie hinter ihm hergingen. „Wir möchten wissen, wo du wohnst“, erwiderten sie. Jesus nahm sie mit zu dem Haus. Sie blieben den ganzen Tag bei ihm.
Einer von ihnen hieß Andreas. Sein Bruder war der Fischer Simon. Andreas erzählte Simon, daß sie den Heilbringer getroffen hätten. Sie gingen zusammen zu Jesus. Der sagte: „Du bist Simon. Ab heute sollst du Petrus heißen, das ist: der Fels.“
Am folgenden Tag traf Jesus einen Mann namens Philippus. Er sagte zu ihm: „Folge mir nach.“ Philippus ging mit ihm. Als er seinen Bekannten Natanael sah, sagte er zu ihm: „Wir haben den kennengelernt, den uns die Propheten verheißen haben, Jesus, den Sohn Josefs von Nazaret.“

Natanael erwiderte: „Geh mir fort! Was kann aus dem unbedeutenden Nazaret schon Gutes kommen!" Philippus sagte nur: „Komm und überzeuge dich selber." Als sie zu Jesus kamen, sagte dieser, indem er auf Natanael zeigte: „Seht, da kommt ein echter Israelit. Er sagt offen, was er denkt."
Natanael war erstaunt und fragte Jesus: „Woher kennst du mich?" Jesus antwortete: „Noch ehe Philippus mit dir sprach, sah ich dich unter dem Feigenbaum stehen." Da rief Natanael aus: „Meister, du bist wahrhaftig Gottes Sohn, du bist der König von Israel." Jesus sagte: „Du staunst, weil ich wußte, daß du unter dem Feigenbaum standest. Aber warte nur, du wirst noch Erstaunlicheres sehen."
Nach Andreas, Philippus und Natanael gewinnt er noch die folgenden Männer für seine Sache, die Verkündigung des Gotteswortes auf der ganzen Erde: zwei, die Jakobus heißen, noch einen anderen Simon, Johannes, der nicht derselbe wie Johannes der Täufer ist, ferner Bartholomäus, Matthäus, Thomas, Taddäus und Judas Iskariot. Diese zwölf Männer nennt man auch Apostel, das heißt: Sendboten oder Gesandte. Sie sollen überall bekanntmachen, was Gott den Menschen durch seinen Sohn Jesus sagen will.
Jesus gibt den Aposteln auch die Kraft, Kranke zu heilen und Menschen zu helfen, die in Not geraten sind. Er sagt ihnen, daß sie es schwer haben werden mit der Verkündigung des Gotteswortes, denn viele Menschen wollen die Frohbotschaft nicht hören. Doch der Geist Gottes wird den Mitarbeitern Jesu in allen Gefahren beistehen.

9 Jesus zieht mit seinen Jüngern
durch Palästina
und verkündet den Anfang
eines neuen Reiches.
Dieses Gottesreich
ist für alle Menschen.

Jesus zieht mit seinen Jüngern in Palästina umher. Jesus spricht davon, daß jetzt ein *neues* Reich begonnen hat, das Reich Gottes. Natürlich wollen die Leute wissen, wie denn dieses neue Gottesreich aussehen soll und wer darin die Macht hat. Jesus beschreibt es. Es ist nicht auf Gottes auserwähltes Volk, also nicht auf Israel beschränkt. Es ist für alle Menschen da.
Und wer sind die Mächtigen in diesem Gottesreich? Jesus antwortet: die Armen, die Traurigen, die Friedlichen, die Verfolgten, die Verachteten, die kleinen Leute, alle, die Hunger und Durst haben nach mehr Gerechtigkeit.
Jesus macht seinen Zuhörern klar, daß Gott gerade diese Armen und Schwachen liebhat: für diese ist das Gottesreich.
Aber, so fragen ihn nicht wenige Juden, müßte Gott denn nicht die am meisten lieben, die Gott über alles lieben und alles tun, was im Gesetz des Mose vorgeschrieben ist? Jesus erwidert ihnen: „Natürlich muß man Gott über alles lieben, aber man muß auch die Mitmenschen lieben, mit ihnen wie mit Brüdern umgehen. Man macht Gott die allergrößte Freude, wenn man Schwachen und Hilflosen unter die Arme greift und Hungernden zu essen gibt. Und es genügt nicht, gewissenhaft das zu tun, was das Gesetz des Mose vorschreibt. Die Liebe und die Lauterkeit des Herzens gehen vor."

Das soll er ihnen etwas näher erklären, bitten einige Zuhörer. Jesus sagt: „Wenn am Sabbat, dem Ruhetag, ein Tier in eine Grube fällt, dann helft ihm heraus, obwohl am Sabbat jede Arbeit verboten ist. Und wenn ihr in den Tempel geht, um dort zu beten und Gott ein Opfer darzubringen, dann fragt euch zuerst, ob ihr noch mit einem Streit habt. Geht erst hin und versöhnt euch mit eurem Feind, dann erst kommt in den Tempel zurück und bringt euer Opfer dar."
Ein reicher junger Mann, der die Vorschriften des Gesetzes treu erfüllt, fragt Jesus, was er denn sonst noch tun muß, damit das Gottesreich möglichst schnell Wirklichkeit wird. Jesus antwortet ihm: „Verkaufe alles, was du besitzt, und folge mir nach." Darauf wird der junge Mann ganz traurig und geht weg. Hier zeigt sich, daß viele Zuhörer Jesus nicht zujubeln. Denn er fordert viel von ihnen. Das neue Gottesreich ist kein Schlaraffenland, in dem man wie ein König schmausen und regieren kann.
Nachdenklichere Juden wollen wissen, ob Gott die verurteilt, die vor dem Gottessohn und seiner Botschaft davonlaufen.
Jesus erzählt ihnen die Geschichte eines jungen Mannes, der von zu Hause wegläuft, aber nach langer Zeit arm und verzweifelt heimkehrt. Sein Vater verzeiht ihm und nimmt ihn mit Freuden auf. Gott ist ein verständnisvoller Vater.

10 Jesus wirkt Wunder, aber er will kein Zauberer sein. Seine Wunder vermehren den Glauben.

Jesus hat viele Wunder gewirkt. Dabei geht es ihm nicht darum, wie ein großer Zauberer die Leute zum Staunen zu bringen oder sie allein durch sensationelle Wundertaten für sich zu gewinnen. Worum es dabei wirklich geht, wollen wir an einem seiner größten Wunder zeigen: der Brotvermehrung.
Viele Leute sind Jesus gefolgt, um ihn zu hören. Er hat sich mit seinen Jüngern auf einem Hügel niedergesetzt. Als er die Menge sieht, fragt er Philippus: „Wo kaufen wir nur Brot, damit sie nicht zu hungern brauchen?“ Philippus antwortet: „Wenn jeder auch nur einen kleinen Bissen bekommen soll, müßten wir für mindestens zweihundert Denare Brot kaufen.“ Das ist viel Geld. Damals verdiente ein Arbeiter etwa einen Denar am Tag.
Da sagt Andreas: „Ich habe eben einen Jungen gesehen, der hat fünf Brote und zwei Fische bei sich. Aber was ist das für so viele Menschen?“ Jesus sagt: „Die Leute sollen sich hinsetzen.“ Man schätzt, daß es fünftausend waren, die auf der Wiese saßen. Jesus nahm die fünf Brote, sprach das Dankgebet und ließ Brot und Fische austeilen. Alle wurden satt. Was übrigblieb, ließ er in Körbe sammeln, damit es nicht zertreten wurde. Zwölf Körbe wurden voll.
Als er merkt, daß einige von den Leuten, die auf so wunderbare Weise satt geworden sind, ihn zum König machen wollen, zieht er sich sofort zurück. Er will nicht, daß sie ihn für einen Zauberer halten, der ihnen ein leichtes Leben macht.
Sie suchen nach ihm, wollen vielleicht, daß

er für sie noch einmal Brot vermehrt. Da sagt er zu ihnen: „Denkt nicht immer nur ans Essen. Gott hat seinen Sohn in diese Welt geschickt, um den Menschen eine Speise zu geben, die ihre Seele nährt." „Und wie bekommen wir diese Speise?" fragen sie. „Ihr sollt an den glauben, den Gott geschickt hat, und auf ihn hören. Dann habt ihr die Seelenspeise."

Auch die anderen Wunder, die Jesus wirkt, dienen dazu, den Menschen den Zugang zum Wort Gottes zu erleichtern.

Da ist eine Frau, die leidet schon zwölf Jahre an schweren Blutungen. Kein Arzt kann ihr helfen. Als Jesus in der Gegend ist, mischt sie sich unter die Menge. Sie glaubt, daß Jesus, der Messias, sie heilen kann. Deshalb sagt sie sich: „Wenn ich nur sein Gewand berühre, werde ich gesund." Und in dem Gedränge faßt sie flüchtig sein Gewand an. Sie ist sofort gesund. Jesus sagt zu ihr: „Dein Glaube hat dir geholfen." Und er weiß auch, daß diese Frau jetzt mithelfen wird, daß das Wort Gottes überall bekannt wird.

Eines Tages kommt ein Aussätziger zu ihm. Seine Haut ist mit brennenden Geschwüren bedeckt. Jesus heilt ihn auf der Stelle. Aber er sagt dem Mann, daß er niemandem erzählen soll, wie er gesund geworden ist.

Er möchte nämlich nicht, daß die Leute hinter ihm herlaufen, wie hinter einem Trickkünstler. Er möchte, daß der einzelne in festem Vertrauen und im Glauben an Gott zu ihm kommt und erkennt, daß Gott den Menschen Gutes tun will.

11 Kurz vor seinem Tod
ißt Jesus
zusammen mit seinen Jüngern
das Passahmahl.
Dabei hinterläßt er uns
ein großes,
unverdientes Geschenk:
die Eucharistie,
die uns immer
neues Leben gibt.

Jesus war beinahe drei Jahre im Land umhergezogen und hatte unermüdlich versucht, die Menschen für das neue Gottesreich zu gewinnen. Die Leute, die guten Willens waren und Sehnsucht nach Gerechtigkeit und Frieden hatten, überzeugte er. Andere dagegen meinten, es sei besser, ihn zum Schweigen zu bringen. Zu den Feinden Jesu gehörten nicht wenige Juden, vor allem die, denen Jesus immer wieder gesagt hatte, es sei nicht genug, das Gesetz des Mose fein säuberlich zu beachten. Und da waren noch jene Juden, die gehofft hatten, Jesus werde die Römer aus dem Land treiben. Das war nicht geschehen, denn dazu war Jesus nicht von Gott gesandt worden.

Schließlich hatten die römischen Besatzungstruppen etwas gegen ihn. Sie meinten, er bringe Unruhe ins Land und hetze die Juden gegen sie auf. Jesus wußte, daß er viele Feinde hatte, und er wußte auch, daß sie bald etwas unternehmen würden, um ihn aus dem Weg zu räumen. Bevor dies geschah, wollte er noch einmal mit seinen Jüngern zusammen sein und bei dieser Gelegenheit etwas Wichtiges, Großes tun. Er wählte dafür die Tage vor dem Passahfest, dem höchsten Feiertag der Juden.

Sie sitzen an einem großen Tisch zusammen. Jesus sagt: „Ich habe mich so darauf gefreut, mit euch das Passahmahl zu essen, bevor ich leiden muß. Ich werde es nicht mehr mit euch essen, bis das Gottesreich da ist.“ Er nimmt einen Weinbecher, spricht das Dankgebet und sagt: „Reicht es herum und trinkt alle daraus.“ Dann nimmt er das Brot, dankt Gott, bricht es in Stücke und sagt: „Eßt. Das ist mein Leib, der für euch hingegeben wird. Tut dies zu meinem Gedächtnis.“ Dann zeigt er auf den Wein und sagt: „Dieser Wein ist der neue Bund in meinem Blut, das für euch vergossen wird.“

„Tut dies zu meinem Gedächtnis“ bedeutet, daß die Menschen immer wieder zu diesem Mahl zusammenkommen sollen, um sich an Jesus zu erinnern und sich die Kraft zu holen, die sie für ein Leben nach dem Willen Jesu brauchen.

Dieses Passahmahl ist die erste Eucharistiefeier. Eucharistie heißt wörtlich: gute Gabe, gnadenreiches Geschenk. Und sicher ist das ein großartiges, unverdientes Geschenk: daß wir mit Jesus, dem lebendigen Wort Gottes, immer wieder Gemeinschaft haben dürfen. Man nennt die Eucharistiefeier auch Liebesmahl. Wer zu diesem Mahl kommt, muß sich fragen, ob er mit jemandem Streit hat. Wenn ja, muß er ihn zuerst um Verzeihung bitten. Und bei dem Mahl soll er anderen seinen Rat und seine Hilfe anbieten und sich zusammen mit ihnen freuen, daß Gott ihnen in der Eucharistie neuen Mut gibt.

Noch vor dem Passahmahl haben die Feinde Jesu einen seiner Jünger, Judas Iskariot, aufgefordert, ihnen zu sagen, wo sie Jesus gefangennehmen können. Judas bekommt dafür Geld. Jesus weiß das vorher, läßt es jedoch geschehen. Wir wissen nicht genau, warum Judas das getan hat. Vielleicht war er enttäuscht, daß Jesus die Römer nicht vertrieben hatte. Jesus hört aber nicht auf, ihn als seinen Jünger zu betrachten und liebzuhaben.

12 Mit dreiunddreißig Jahren wird Jesus gefangengenommen, zum Tode verurteilt und hingerichtet.

Jesus hatte öfters angedeutet, daß er von Menschenhand getötet würde. Aber seine Jünger und viele andere haben das wohl überhört, oder sie wollten es nicht hören. Denn sie konnten sich nicht vorstellen, daß der Messias Schmerzen leiden und sterben sollte wie ein gewöhnlicher Mensch. Jesus hatte Tote wieder zum Leben erweckt, und da sollte er sich nicht selbst vor dem Tod bewahren können? Auch war ihnen der Gedanke unangenehm, daß sie diesen Wundertäter, der alles konnte, einmal nicht mehr bei sich haben sollten. Deshalb überlasen sie gleichfalls die Stellen in den Schriften der Propheten, in denen vorausgesagt wird, daß der Messias wie ein gewöhnlicher Straßenräuber hingerichtet werden würde.

Vor dem letzten Passahmahl mit seinen Jüngern ist Jesus auf dem Rücken eines Esels in Jerusalem eingeritten. Die Leute haben ihn jubelnd begrüßt und ihn wie einen Volksheld gefeiert. Doch bald schon schlägt die Stimmung um. Jesus wehrt sich nicht gegen seine Gefangennahme, und als er vor den Richter geführt wird, bittet er seinen allmächtigen Vater nicht, ihm Soldaten zu senden und ihn zu befreien.

Sie suchen Zeugen, die gegen ihn aussagen sollen. Sie lügen, oder sie verwickeln sich in Widersprüche. Jesus schweigt zu alledem. Da fragt ihn der höchste Geistliche der Juden, ob er der Heiland und Sohn Gottes sei.

Jesus erwidert: „Ich bin es.“
Da ruft die Menge, das sei Gotteslästerung, und dafür verdiene er den Tod. Einige spukken ihm ins Gesicht oder schlagen ihn. Da sie aber ohne die Einwilligung der römischen Besatzungmacht niemanden hinrichten dürfen, bringen sie ihn zu dem Vertreter der Römer in Jerusalem. Dieser heißt Pilatus. Er fragt Jesus, ob er der König der Juden sei. Darauf antwortet Jesus, daß er ein König sei, doch er fügt sogleich hinzu, daß sein Reich nicht von dieser Welt ist. Er, Jesus, sei dazu in die Welt gekommen, um den Anfang des Gottesreiches zu verkünden. Da sieht Pilatus, daß Jesus nicht die Absicht hat, die Juden gegen die Römer aufzuhetzen. Deshalb sagt er zu den Juden: „In meinen Augen ist der Mann unschuldig.“
Es ist Brauch, daß der römische Statthalter am Passahfest einen Gefangenen freigibt. Pilatus hofft, daß die Menge die Freigabe Jesu fordern wird. Aber er irrt sich. Die Leute schreien, er solle lieber den Räuber Barabbas freigeben. Pilatus gibt nach, obwohl er weiß, daß Jesus unschuldig ist, läßt Barabbas frei und verurteilt Jesus zum Tod. Die römischen Soldaten schlagen ihn mit Stricken, setzen ihm eine Dornenkrone auf und machen sich über ihn lustig. Dann laden sie ihm ein schweres Kreuz auf die Schultern. Das muß er zur Hinrichtungsstätte schleppen. Mit ihm schlagen sie noch zwei Straßenräuber ans Kreuz. Kurz bevor er stirbt, sagt er: „Es ist vollbracht.“
Ein Mann aus Arimathäa, er heißt Josef, gehört zu den heimlichen Anhängern Jesu. Er geht zu Pilatus und fragt, ob er den toten Jesus vom Kreuz abnehmen und in einem Steingrab bestatten dürfe, das ihm gehört. Pilatus erlaubt es ihm, und so wird der Leichnam in Tücher gewickelt und begraben.

13 Aber Jesus
bleibt nicht unter den Toten.
Er geht durch den Tod
hindurch zum Vater.
Damit öffnet er
auch den Menschen
den Weg zum Vater
und ins Gottesreich.
Jesus ist
der Anführer des Lebens.
Wer ihm nachfolgt,
hat das Leben.

Die Hinrichtung erfolgte am Freitag vor dem Passahfest. Drei Tage später gehen Freunde zu seinem Grab. Aber sie finden ihn dort nicht.
Was ist geschehen? Jesus ist nicht mehr unter den Toten. Er ist durch den Tod wie durch einen Schacht hindurchgegangen und an der anderen Seite in einem neuen, anderen Zustand bei dem Vater herausgekommen. Er hat dies für uns Menschen getan.
Stellen wir uns vor, wir sind allesamt in einer dunklen Höhle eingeschlossen. Da gelingt es einem, die Wand zu durchdringen und ins Licht hinauszugelangen. Dieser eine ist Jesus. Er ist der erste, dem der Durchbruch durch die Wand gelingt. Das Helle, in das er eintritt, ist der Vater.
Man nennt Jesus nicht nur Gottessohn, sondern auch Menschensohn, weil er alles leiden wollte, was Menschen oft leiden müssen. Er, der Sohn Gottes, wollte nichts Besonderes sein. Und weil er auch Mensch

war, können wir ihm durch die Öffnung, die er gebrochen hat, zum Vater in das Gottesreich folgen.
Er hat dafür ein schönes Bild gefunden. Er spricht einmal von dem Samenkorn, das in die Erde gelegt werden und sterben muß, damit es Frucht bringen kann. Wer zum Licht will, der muß erst durch das Dunkel gehen. Dadurch, daß Jesus nicht unter den Toten bleibt, wird deutlich: Gott ist ein Gott des Lebens und der Hoffnung. Jesus hat den Tod besiegt. Er ist der Anführer des Lebens. Deshalb ist seine Botschaft eine Frohbotschaft: Leid und Tod sind nicht das Letzte. Sie sind nur der Durchgang in das Reich des Vaters.
Die Gewißheit, daß das Leben den Tod überwindet und Jesus der Anführer des Lebens ist, bleibt das Herzstück der Botschaft Jesu, und wir verstehen, daß die Propheten von dem Retter sagen, er sei das Licht, das die Dunkelheit erhellt.

14 Jesus erscheint noch ein paarmal kurz einzelnen Jüngern und Freunden.

Der durch den Tod hindurchgegangene Jesus kehrt nicht mehr predigend und Wunder wirkend in das irdische Leben zurück. Nur noch wenige Male erscheint er kurz einigen seiner Jünger und Freunde.

Die erste ist eine Frau, Maria Magdalena. Sie steht vor dem leeren Grab und weint. „Warum weinst du?“ fragt hinter ihr eine Stimme. Sie dreht sich um und sieht einen Mann. Sie glaubt, er sei der Gärtner, deshalb sagt sie: „Wenn du den Leichnam weggetragen hast, sage mir, wo ich ihn finden kann.“ Da sagt der Mann: „Maria!“ Augenblicklich erkennt sie, daß Jesus vor ihr steht. Sie sagt: „Mein Herr!“ Jesus erwidert: „Fasse mich nicht an, Maria. Denn noch bin ich nicht zum Vater heimgegangen. Geh und sage meinen Freunden, daß ich zum Vater gehen werde.“ Maria Magdalena läuft, so schnell sie kann, in die Stadt zurück und erzählt den Jüngern, daß sie Jesus gesehen hat und daß er zum Vater heimkehren wird.

Am selben Tag sind zwei Jünger auf dem Weg nach Emmaus, einem Dorf in der Nähe von Jersusalem. Sie unterhalten sich darüber, was man Jesus angetan hat. Sie sind ganz traurig. Plötzlich ist Jesus bei ihnen, aber sie erkennen ihn nicht. Er fragt sie, wovon sie sprechen. Sie antworten: „Du scheinst der einzige zu sein, der nicht weiß, was in Jerusalem geschehen ist.“ „Was denn?“ fragt Jesus, und die Jünger berichten: „Da war ein Prophet aus Nazaret mit Namen Jesus. Der hat viel Wunderbares gepredigt und getan. Aber unsere Priester und Ratsherren haben ihn ans Kreuz schlagen lassen. Wir hatten gehofft, er würde Israel befreien. Nun sind seit der Kreuzigung schon drei Tage vergangen. Einige Frauen aber, die in der Früh an seinem Grab waren, haben ihn dort nicht mehr gefunden. Sie sagen, Jesus lebe. Gesehen hat ihn aber noch niemand.“

Jesus sagt zu ihnen: „Versteht ihr denn nicht, daß Jesus all das leiden mußte, um den Tod zu besiegen?“ Und er erinnert sie an all die Voraussagen über das Leiden und die Auferstehung des Menschensohnes, wie man sie in den Schriften der Propheten lesen kann.

Sie nähern sich Emmaus. Die Jünger sagen zu ihm: „Warum bleibst du nicht bei uns? Es wird schon dunkel.“ Jesus geht mit ihnen. Sie essen zu Abend. Jesus nimmt das Brot, spricht das Dankgebet, bricht das Brot und gibt es ihnen. Da erkennen sie plötzlich, daß es Jesus ist.

Jesus erscheint auch noch dem Petrus und einigen anderen Jüngern am See Tiberias. Die ganze Nacht haben sie nicht einen einzigen Fisch gefangen. Da steht Jesus am Ufer. Sie erkennen ihn nicht. Er sagt, sie sollen noch einmal die Netze auswerfen. Diesmal fangen sie viele Fische. Das sagt ein Jünger zu Petrus: „Es ist der Herr.“ Vor Freude springt Petrus ins Wasser. Jesus sagt zu ihnen, sie sollen Brot und Fische bringen und mit ihm essen. Er bricht das Brot und gibt es ihnen. Sie wagen nicht zu fragen: „Wer bist du?“ Sie wissen, es ist Jesus.

15 Die Geschichte Jesu
ist mit seiner Rückkehr
zum Vater nicht zu Ende.
Er kündigt seinen Jüngern
die Herabkunft
des Heiligen Geistes an.
So gestärkt,
sollen sie dann
überall seine Zeugen sein.

Als er seinen Jüngern ein letztesmal erscheint, sagt er zu ihnen: „Geht noch nicht weg aus Jerusalem, sondern wartet ein wenig: in einigen Tagen wird der Heilige Geist auf euch herunterkommen und euch Kraft geben. Mit dieser Kraft gestärkt, sollt ihr mein Wort verkünden, nicht nur in Palästina, sondern in der ganzen Welt. Ihr sollt meine Zeugen sein bei allen Menschen und meine Sache überall vertreten."
Mit diesen Worten wurde Jesus emporgehoben, und eine Wolke hüllte ihn ein. Die Jünger schauten ihm nach. Da standen zwei Männer in weißen Gewändern neben ihnen und sagten: „Was steht ihr hier herum?" Jetzt wurde ihnen klar, daß sie nicht mehr länger hier herumstehen und Jesus nachtrauern durften, sondern darangehen muß-

ten, die Frohbotschaft Jesu unter den Menschen zu verbreiten.
Die etwa 120 Jünger waren so etwas wie die erste Gemeinde, eine Gemeinschaft von Menschen, die an Jesus glauben und sich bemühen, Zeugnis zu geben für ihn und seine Botschaft. Man könnte auch sagen: das ist der Anfang der Kirche Jesu, der Gemeinschaft der Christen mit Jesus Christus und der Christen untereinander.
In Jerusalem erwarten die Anhänger Jesu die Herabkunft des Heiligen Geistes. Vorher möchten sie noch einen neuen Apostel wählen, denn Judas, der Jesus verraten hat, ist tot. Er hat sich nämlich aus Schmerz über seine böse Tat erhängt. Damit sind es nur noch elf Apostel. Noch vor der Herabkunft des Heiligen Geistes sollen es wieder zwölf sein. Petrus, der Leiter und das Haupt der jungen Gemeinde, schlägt vor, daß sie losen sollen, ob ein Mann namens Josef Barsabbas oder einer mit dem Namen Matthias neuer Apostel werden soll.
Entscheidend ist, daß die beiden von Anfang an Jünger und Mitarbeiter Jesu gewesen sind. Nur so können sie echte Zeugen sein, wenn es darum geht, andere Menschen von der Frohbotschaft Jesu zu überzeugen. Bevor sie das Los ziehen, beten sie, Gott möge es so einrichten, daß derjenige neuer Apostel wird, den er vorzieht. Das Los fällt auf Matthias.

16 Der Heilige Geist nimmt den Jüngern Jesu alle Furcht. Sie gehen auf die Straße und verkünden auch Menschen aus fremden Ländern die Wundertaten Gottes. Viele lassen sich taufen.

Trotz der vielen ermutigenden Worte Jesu waren seine Jünger eher furchtsam. Sie zogen sich in einen kleinen Saal zurück und erwarteten dort unter gemeinsamem Gebet die Herabkunft des Heiligen Geistes.
Am Tag des Erntedankes war es dann soweit. Die in dem Saal versammelte kleine Gemeinde hörte plötzlich ein Brausen, so als fahre ein gewaltiger Sturm durch das Haus. Sie hatten das Gefühl, daß sich auf jeden von ihnen eine feurige Zunge niedersenkte. Mit einemmal waren sie vom Heiligen Geist erfüllt. Sie hatten keine Angst mehr, liefen auf die Straße hinaus und verkündeten die Wundertaten Gottes.
Zu dieser Zeit hielten sich in Jerusalem Menschen aus vielen fernen Ländern auf. Man sah Araber, Ägypter, Römer, Syrer und viele andere auf den Straßen. Das Eigenartige war nur, daß sie alles verstanden, was die Jünger von ihrem Herrn Jesus Christus berichteten.
Einige Leute wunderten sich darüber, daß die Jünger Jesu plötzlich so mutig waren. Andere meinten, sie hätten zuviel getrunken und redeten deshalb so laut und frei.
Da trat Petrus vor die Menge und sprach: „Niemand von uns ist betrunken, sondern es ist in Erfüllung gegangen, was der Prophet Joel vorausgesagt hat: ‚So spricht Gott: Ich werde meinen Geist ausgießen über alle Menschen, und jeder, der den Namen des Herrn anruft, wird gerettet werden.‘ Ihr, die ihr hier versammelt seid, hört, was ich euch zu sagen habe: Durch Jesus von Nazaret hat Gott viele Wunder getan im ganzen Land. Diesen Jesus habt ihr ans Kreuz geschlagen. Aber der Tod konnte ihn nicht behalten. Er ist durch den Tod hindurchgegangen. Schon König David hat darauf gehofft, wenn er sagt: ‚Ich werde ganz ruhig im Grab liegen, denn du, Herr, wirst meiner Seele das Leben geben.‘ Dieser Jesus nun hat den Tod überwunden, und wir haben ihn nach seinem Durchgang durch den Tod mit eigenen Augen gesehen. Nachdem er zum Vater heimgekehrt ist, wurde, wie versprochen, der Heilige Geist über uns ausgegossen, und dieser Geist gibt uns die Kraft, auf die Straße hinauszugehen und euch und allen anderen die Botschaft vom lebendigen Gott zu verkünden.“
Die Leute fragten Petrus: „Und was sollen wir tun?“ Petrus antwortete: „Ändert euren Sinn und laßt euch taufen im Namen Jesu. Dann werden euch eure Sünden vergeben, und der Heilige Geist kommt über euch.“ An die dreitausend Menschen ließen sich an diesem Tag taufen.
Die kleine Gemeinde ist damit schlagartig angewachsen. Zugleich wird an diesem Tag ganz deutlich, daß Gott die Gemeinde der Christen, die Kirche, nicht auf Israel beschränken möchte. Alle Menschen sollen Gotteskinder werden.

Das hat niemand erwartet:
die Anhänger Jesu
kommen auf die Straße
und sprechen begeistert
vom Heiland und seiner
Frohbotschaft.
Viele Leute lassen sich
von dieser Begeisterung
anstecken.

17 Die Mitglieder der ersten christlichen Gemeinden überzeugen durch ihre vorbildliche Nächstenliebe. Die Zahl der Christen wächst auch deshalb, weil die Apostel predigen und Wunder wirken.

Die Gemeinde der Christen in Jerusalem wurde allmählich größer. Man nannte sie die „Nazarener". Sie hielten sich noch an das Gesetz Moses und beteten täglich im Tempel, aber zugleich taten sie auch das, was Jesus sie gelehrt hatte. Sie trafen sich in ihren Häusern, hielten das Herrenmahl und beteten zusammen. Viele von ihnen verkauften alles, was sie besaßen. Das Geld, das sie dafür bekamen, gehörte allen gemeinsam.

Die Predigten und die Wundertaten der Apostel brachten der kleinen Gemeinde Zuwachs. Von einer solchen Predigt und einer solchen Wundertat wollen wir kurz berichten.

Als Petrus und Johannes auf dem Weg zum Tempel sind, wo sie beten wollen, kommen Leute und bringen einen Mann, der von Geburt an gelähmt ist. Jeden Morgen setzen sie ihn an den Tempeleingang. Dort soll er die ein- und ausgehenden Beter um eine kleine Gabe bitten, damit er zu essen hat. Als er Petrus und Johannes kommen sieht, bittet er sie gleichfalls um etwas Geld. Petrus sagt zu ihm: „Schau uns an!" Der Gelähmte hebt den Blick und hofft, daß sie ihm etwas geben. Petrus sagt zu ihm: „Geld habe ich nicht, doch was ich habe, sollst du bekommen. Im Namen Jesu Christi, des Nazareners, steh auf und geh nach Hause." Er nimmt den Mann bei der rechten Hand und zieht ihn hoch. Mit einemmal kann er sich bewegen und ganz allein gehen.

Eine große Menschenmenge sammelt sich an. Sie staunen über die wunderbare Hei-

lung des Gelähmten. Petrus spricht zu ihnen: „Was wundert ihr euch so sehr? Und warum schaut ihr auf uns, als wären wir es, die diesen Mann gesund gemacht haben? Der Glaube, den wir von Jesus Christus empfangen haben, hat ihn geheilt. Ich sage euch: Tut Gutes, dann werdet ihr den Frieden haben, nach dem ihr euch so sehnt. Mose hat zu euren Vätern gesprochen: ‚Der Herr, euer Gott, wird euch aus euren Brüdern einen Propheten wie mich erwecken. Auf ihn sollt ihr hören, und ihr sollt alles tun, was er euch sagt.' Und alle Propheten haben die Ankunft des Gottessohnes vorausgesagt. Ihr habt ihn mit eigenen Augen gesehen, und obwohl er gekommen ist, um die Menschen frei zu machen von der Last des Bösen und ihnen das Leben zu geben, seid ihr hingegangen und habt ihn ans Kreuz geschlagen. Aber genauso wie die Priester und die Ratsherren habt ihr dies aus Unwissenheit getan. Dies sollte so sein, damit das Wort der Propheten in Erfüllung gehe, daß der Heiland von Menschenhand leiden und sterben müsse."

Als die Priester im Tempel und der Tempelhauptmann hörten, daß Petrus und Johannes von Jesus sprachen und großen Zulauf hatten, ließen sie die beiden festnehmen und ins Gefängnis bringen. Am folgenden Tag sollten sie verhört werden.

18 Genauso wie bei Jesus
fürchten die damaligen
Machthaber
auch bei den Anhängern
der neuen Lehre,
daß diese ihnen die Macht
wegnehmen wollen.
Ein wichtiges Machtinstrument
ist der Hohe Rat
der Juden.

Die vorübergehende Verhaftung von Petrus und Johannes zeigt, daß die Jünger Jesu genauso wie Jesus Christus selbst den Machthabern als eine Gefahr erschienen, denn diese wollten ihre Macht behalten. Deshalb gingen sie gegen alle vor, von denen sie meinten, daß sie ihre Macht einengen oder sie ihnen sogar ganz nehmen könnten.
Aber nicht nur die Römer hatten diese Sorge, auch der Hohe Rat der Juden fürchtete, die Leute würden mehr und mehr zu den Anhängern Jesu Christi überlaufen und sich nicht mehr an das Gesetz des Mose halten. So wie Jesus wurden Petrus und Johannes vor den Hohen Rat geführt.

Der Hohe Rat, auch Synedrium, das heißt Versammlung, genannt, bestand aus 71 Mitgliedern. Den Vorsitz hatte der Hohepriester. Als Oberpriester brachte er das tägliche Opfer dar und durfte das Allerheiligste des Tempels betreten. Man sah in ihm den Mittler zwischen Gott und dem Volk. Als Vorsitzender des Hohen Rates hatte er großen Einfluß auf das politische Leben. Oft wurde derjenige Oberpriester, der den Machthabern am ehesten gefiel und tat, was sie von ihm wollten.
Der Hohe Rat setzte sich aus den sogenannten Ältesten, den Priestern und den Schriftgelehrten zusammen.

Die Ältesten kamen aus den vornehmsten nichtpriesterlichen Familien. Trotz des Namens brauchten sie nicht sehr alt zu sein. Sie studierten die Gesetze und sprachen Recht. Die Priester im Hohen Rat kamen gleichfalls aus vornehmen Familien. Sie wachten über das religiöse Leben der Juden und brachten bei Gottesdiensten das Opfer dar. Die Schriftgelehrten kannten das Gesetz des Mose und die anderen Schriften der Juden genau. Zusätzlich zum Gesetz des Mose stellten sie noch viele strenge Vorschriften auf und achteten darauf, daß die Juden sie genau befolgten. Deshalb versteht man, daß sie nicht selten über Jesus böse waren, wenn dieser sagte, es genüge nicht, das Gesetz buchstabengetreu zu befolgen, man müsse vielmehr immer im Geist der Liebe handeln.

Zur Zeit Jesu durfte der Hohe Rat nichts tun, was den Römern nicht gefiel. Doch da er so etwas wie Polizeigewalt hatte, konnte er gegen Juden vorgehen, die ihm mißfielen. Er tat dies nicht nur bei Jesus oder bei Petrus und Johannes. Wenig später wurden weitere Anhänger Jesu vom Hohen Rat verhört, und jedesmal behandelte er die Angeklagten wie Feinde, die ihm die Macht wegnehmen wollten.

19 Daß die Herabkunft des Heiligen Geistes kein Strohfeuer war, das rasch verglüht, zeigt sich beispielsweise, als der Hohe Rat Petrus und Johannes verbieten will, noch weiter in der Öffentlichkeit von Jesus zu sprechen. Die beiden lassen sich durch keine Drohung einschüchtern.

Der Hohe Rat ist vollzählig versammelt. Man bildet einen Kreis um die Angeklagten und fragt sie, in wessen Namen sie gepredigt und den Gelähmten geheilt haben.
Petrus antwortet: „Ich sage es euch und dem ganzen Volk Israel: durch den Namen unseres Herrn Jesus Christus von Nazaret ist der Mann gesund geworden. Ich meine jenen Jesus Christus, den ihr ans Kreuz geschlagen und den Gott von den Toten auferweckt hat. Ihr wolltet nichts von ihm wissen, aber ich sage euch: nur er ist der Heilbringer, und es gibt auf der ganzen Erde keinen anderen Retter als ihn allein."
Die Ältesten, Priester und Schriftgelehrten wunderten sich, daß Petrus so frei und klug vor ihnen spricht, denn schließlich sind Petrus und Johannes einfache, ungebildete Männer aus dem Volk. Also muß die Begeisterung für Jesus ihnen Mut geben und ihnen die richtigen Worte in den Mund legen. Als Betrüger kann man sie nicht verurteilen, denn der geheilte Mann ist mitgekommen und steht als lebendiges Beweisstück da.
Der Hohepriester sagt, man solle die Angeklagten hinausbringen. Der Hohe Rat wolle beratschlagen.
„Was sollen wir mit ihnen machen? Sie haben ein Wunder gewirkt. Alle haben es gesehen, und wir können nicht sagen, es sei nicht geschehen", sagt einer.
Die anderen nicken, und sie beraten lange. Dann kommen sie zu folgendem Beschluß: Es muß unbedingt verhindert werden, daß Petrus und Johannes noch weiter von Jesus Christus predigen. Deshalb drohen ihnen schwerste Strafen, wenn sie noch einmal im Namen Jesu mit irgendwelchen Menschen sprechen.
Sie werden hereingerufen, und man sagt ihnen, sie dürften niemandem gegenüber den Namen Jesu auch nur erwähnen.
Aber Petrus und Johannes lassen sich nicht einschüchtern. Sie antworten: „Ihr wißt genau, daß wir Gott mehr gehorchen müssen als euch. Wir können unmöglich von dem schweigen, was wir gesehen und gehört haben."
Wieder droht ihnen der Hohe Rat mit schweren Strafen für den Fall, daß sie in der Öffentlichkeit weiter von Jesus sprechen. Am liebsten hätten sie beide gleich hierbehalten und verurteilt. Doch sie fürchten, daß das Volk gegen eine Verurteilung protestieren wird, denn alle Leute loben und bewundern Petrus und Johannes.

20 Die junge Kirche wächst.
Die Apostel
können nicht mehr
alle Arbeit tun.
Deshalb werden sie
von Mitarbeitern unterstützt.
Die Diakone kümmern sich
um die Armenpflege.

Das Bild zeigt die wichtigsten Personen der frühen Kirche. Links sehen wir, unter dem Vorsitz des Petrus, die zwölf Apostel. Sie waren die engsten Freunde Jesu, sie haben ihn täglich gesehen und gehört. Sie haben oft mit ihm gesprochen. Deshalb sind sie auch der eigentliche Motor der jungen Kirche. Ihre Hauptaufgabe ist, den Menschen vom Leben, vom Sterben und von der Auferstehung Jesu Christi zu berichten und sie dazu zu bringen, ein neues Leben anzufangen und wie Jesus zu leben, kurz: Christen zu werden.
Darüber hinaus taten sie das, was heute die Priester tun: Sie riefen die Christen zum Abendmahl zusammen und brachen das

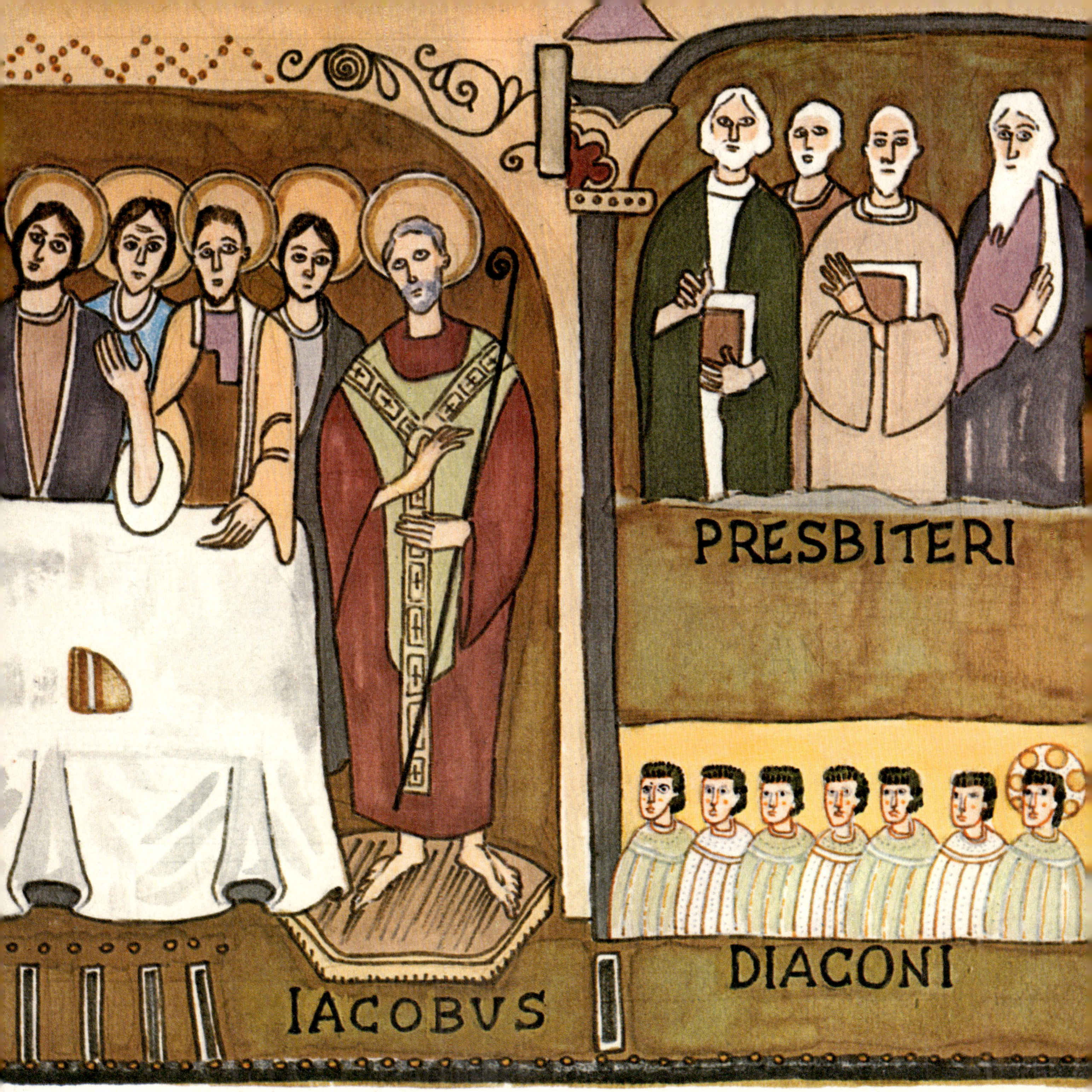

Brot, genauso wie Jesus es getan hatte. Sie tauften, und sie legten Leuten die Hände auf, um die Kraft des Heiligen Geistes auf sie herabzurufen.
Ganz am Anfang kümmerten sie sich auch um die Versorgung von Kranken und Schwachen und um vieles andere mehr. Doch als die Christengemeinde immer größer wurde, konnten die Apostel die ganze Arbeit nicht mehr allein tun. Deshalb sahen sie sich nach Mitarbeitern um, die vor allem dafür sorgen mußten, daß Geld, Kleidung und Essen gerecht verteilt wurden.
Die Apostel regten an, daß für diesen Dienst sieben fromme, weise Männer gewählt würden. Diese Männer nennt man „Diakone", was soviel wie „Diener" heißt. Mit der Zeit kümmerten sich auch Frauen, Diakonissinnen, um die Notleidenden.
Die Diakone beschränkten sich jedoch nicht auf die Armenpflege. Als Zeugen Jesu Christi warben sie in der Öffentlichkeit für die Frohbotschaft. Dies gefiel den Machthabern nicht, und so kam es, daß sie einzelne Diakone wie gefährliche Feinde verfolgten, beispielsweise Stephanus, von dem wir später noch berichten werden.
Rechts auf dem Apostelbild ist Jakobus besonders hervorgehoben. Er war der Vorsteher der Gemeinde in Jerusalem und hat dort sehr viel für das Wachsen der jungen Kirche getan.

21 Die Frohbotschaft Jesu Christi
zieht nicht nur die Armen
und die Schwachen an.
Auch reiche
und gebildetete Leute
fühlen sich zu dem neuen
Glauben hingezogen.
Sie fühlen,
daß sie nur hier
Heil und Frieden finden.

Wie kamen nun so viele Menschen dazu, sich der Christengemeinde anzuschließen und ihr Leben von Grund auf zu ändern? Was ging in ihnen vor?

Für die Zukurzgekommenen, die Armen, die Kranken und die Schwachen war der Schritt nicht schwer. Da Jesus entschieden die Nächstenliebe gefordert hatte, kümmerten sich die Apostel und die anderen Gemeindemitglieder vor allem um die Schwachen und Notleidenden. Und diese Schwachen erkannten in Jesus ihren besonderen Freund und Schützer.

Aber wie war es mit denen, die alles hatten, die gebildet waren und sich nicht so schnell von etwas begeistern ließen?

Auch solche Menschen fühlten sich zu Jesus und seinen Anhängern hingezogen. Versetzen wir uns einmal in einen klugen jungen Griechen jüdischer Herkunft, der zu der Zeit, als Jesus in der Öffentlichkeit auftritt, mit seinen reichen Eltern in einem schönen Haus in der Stadt Korinth lebt. Alexander, so heißt er, hat alles, was er sich wünscht. Aber eigenartigerweise ist er nicht zufrieden. Jedesmal, wenn er sich einen Wunsch erfüllt hat, bleibt ein Rest von Unbefriedigtsein.

Der Gedanke an die vielen griechischen Götter gibt ihm keine Ruhe und keinen Frieden. Diese Götter sind wie Menschen, nur etwas mächtiger, und nach dem Tod erwartet alle Lebewesen ein graues Nichts.

Zufällig kommt Alexander in eine Synagoge, den Versammlungsraum frommer Juden. Er begeistert sich für den einen, wahren Gott, der den Menschen den Retter schikken will, damit sie alle das Heil, den Frieden und das Leben haben. Er nimmt den Glauben der Juden an und reist nach Jerusalem zum Passahfest. Dort hört er, daß ein gewisser Jesus hingerichtet worden ist. Er soll behauptet haben, der von Gott versprochene Heilbringer zu sein.

Am Erntedankfest der Juden, unserem Pfingstfest, gerät Alexander in die Menge, der Petrus begeistert von den Wundertaten und der Auferstehung Jesu berichtet. Alexander hat urplötzlich das Gefühl: Jesus ist der Heilbringer, das lebendige Wort Gottes, nach dem er sich immer schon gesehnt hat. Alexander geht zu einem Diakon, spricht mit ihm über Jesus und bittet ihn, er möge ihn auf die Taufe vorbereiten. Alexander will Christ werden. Der Diakon bringt den jungen Mann zu Petrus. Dieser sagt ihm, er solle dem Diakon bei seiner Arbeit helfen. Das sei die beste Vorbereitung auf die Taufe. Auf diese Weise lernt Alexander die Christen besser kennen. Sie helfen sich gegenseitig in aller Not, sie machen keinen Unterschied zwischen arm und reich. Das beeindruckt Alexander.

Schließlich wird er zusammen mit anderen von Petrus im Jordan getauft. Bei einem Herrenmahl ruft Petrus den Heiligen Geist auf Alexander herab. Jetzt ist er ein treuer Anhänger Jesu.

22 Die ersten Christen teilen alles brüderlich miteinander, Notleidende und Einsame gibt es unter ihnen nicht.

Was Alexander besonders gefiel, war die Bereitschaft aller Gemeindemitglieder, alles, was sie besaßen, der Gemeinschaft zur Verfügung zu stellen. Sie hatten alles gemeinsam. Wer ein Haus oder ein Stück Land besaß, der verkaufte es. Das Geld, das er dafür bekam, brachte er den Aposteln und Diakonen. Diese verteilten es dann an alle, die in Not waren.

Nun hatte Alexander reiche Eltern, und ihn erwartete eine große Erbschaft. Wie wäre es, wenn er das, was er einmal bekommen würde, sofort verkaufte und den Erlös den Diakonen für die Armenpflege gab?

Dazu mußte er nach Korinth zu seinen Eltern reisen. In seiner Heimatstadt erzählte er seiner Familie und seinen Freunden, daß er Christ geworden war und seine ganze Kraft in den Dienst der Gemeinde stellen wolle. Niemand konnte ihn mehr davon abbringen, und so willigten die Eltern schließlich ein. Sie verkauften Alexanders Anteil an der Erbschaft und er fuhr mit dem Geld nach Jerusalem zurück.

Sofort eilte er zu dem Diakon, der ihn auf die Taufe vorbereitet hatte und mit dem ihn eine innige Freundschaft verband. Zu seiner großen Freude erfuhr er, daß die Gemeinde inzwischen weiter gewachsen war. Alexander gab ihm das Geld.

Der Diakon sagt, er werde am folgenden Tag mit Petrus und den anderen Aposteln darüber sprechen, was mit dem Geld geschehen und welche Aufgabe Alexander übernehmen solle. Er soll zum morgigen Herrenmahl kommen. Dann wird er erfahren, was er tun soll.

Alexander wartet ungeduldig auf den kom-

menden Tag. Er möchte wissen, welche Aufgabe sie ihm zuweisen werden. Er will nämlich nicht müßig sitzen.
Während des Mahls teilt ihm Petrus mit, was er tun soll. Und zwar ist ein Mann namens Bartholomäus zu ihnen gestoßen.
Dieser Bartholomäus ist schwach und krank. Alexander soll sich um ihn kümmern. Er tut das gern, hat Jesus doch gesagt: „Was ihr den Kranken und den Schwachen Gutes tut, das habt ihr mir getan."
Und so ist er fast den ganzen Tag bei Bartholomäus. Er macht ihm das Essen, er wäscht und kämmt ihn. Er liest ihm vor und spricht mit ihm über die Frohbotschaft Jesu. Und er sorgt auch dafür, daß Bartholomäus am Herrenmahl und an anderen Zusammenkünften der Gemeinde teilnehmen kann. Das ist nicht leicht, denn Bartholomäus kann sich kaum bewegen. Deshalb muß er auf einer Tragbahre hin und her befördert oder Hauswände hinauf- und hinabgelassen werden, wenn die Türen, die Fenster und die Treppen zu eng sind. Aber immer sind genügend Freunde da, die Alexander helfen, Bartholomäus zum Versammlungsraum und wieder zurück zu bringen.
Mit der Zeit werden Alexander und Bartholomäus enge Freunde.
Hier zeigt sich die eigentliche Kraft des jungen Christenglaubens. Er schlägt Brücken zwischen den verschiedensten Menschen.

23 Der Diakon Stephanus ist der erste Märtyrer der Kirche. Er will lieber sterben als sich von Jesus und seiner Botschaft lossagen. Er wird zu Tode gesteinigt. Sterbend vergibt er den Mördern.

Einer der eifrigsten Diakone war Stephanus. Er beschränkte sich nicht auf die Armenpflege, sondern predigte und wirkte Wunder im Namen Jesu Christi.
Das paßte vielen Israeliten nicht. Sie waren neidisch darauf, wie er die Leute für die Sache Jesu gewann, und sie fürchteten, er werde immer mehr Menschen vom alten israelitischen Glauben weg zum Christenglauben hinüberziehen. Deshalb hetzten sie die Menge gegen Stephanus auf und behaupteten, er habe Gott und Mose gelästert.
Stephanus hatte keine Angst vor ihnen. Er sprach: „Warum seid ihr so halsstarrig? Ihr seid immer gegen den Heiligen Geist, und wenn er zu euch spricht, dann haltet ihr euch die Ohren genauso zu wie eure Väter. Die haben nämlich alle umgebracht, die die Ankunft des Gottessohnes verheißen haben, und als der Heiland endlich da war, hattet ihr nichts Besseres zu tun, als ihn sogleich ans Kreuz zu schlagen."
Da wurden seine Feinde zornig. In diesem Augenblick wurde Stephanus vom Heiligen Geist erfüllt. Er schaute zum Himmel und rief: „Ich sehe den Himmel offen und den Menschensohn zur Rechten Gottes stehen."
Sie hielten sich die Ohren zu, so als habe er Gott beleidigt, dann fielen sie über ihn her, stießen ihn vor sich her, bis daß sie vor der Stadt waren, und fingen an, Steine auf ihn zu werfen. Stephanus rief: „Jesus, nimm meinen Geist auf!" Und als er schon am Boden lag, sagte er mit letzter Kraft: „Herr, rechne ihnen dies nicht als Sünde an."
Dann starb er.
Stephanus ist der erste Märtyrer der Kirche. Märtyrer heißt Zeuge. Stephanus ist Zeuge für Jesus Christus gewesen. Dadurch, daß er beim Zeugnisgeben sein Leben geopfert hat, hat er gezeigt, wie wichtig ihm Jesus und seine Botschaft waren. In der Folgezeit wollten noch viele Anhänger Jesu lieber sterben als sich von Jesus lossagen.

24 Der Apostel Philippus gewinnt
einen hohen
afrikanischen Beamten
für den neuen Glauben
und tauft ihn
am Straßenrand.

Philippus, einer der Apostel, zog vor allem in der Landschaft Samaria von Ort zu Ort und predigte die Frohbotschaft Jesu. Viele ließen sich von ihm taufen. Eines Tages nun erschien ihm ein Bote Gottes und forderte ihn auf, nach Süden zu gehen bis zu der Straße, die von Gaza nach Jerusalem führt. Auf dieser Straße reisten nur wenige Leute. Philippus stellte dem Boten keine langen Fragen, sondern machte sich sofort auf den Weg nach Süden. Dort angekommen, setzte er sich an den Straßenrand und wartete. Nach einiger Zeit kam ein Wagen angefahren. Darin fuhr ein hoher Beamter der Königin Kandake von Äthiopien. Äthiopien ist ein Land im Osten Afrikas. Er war in Jerusalem gewesen, um dort Gott im Tempel zu verehren. Nun fuhr er wieder zurück in seine Heimat. Während der Fahrt las er in den Schriften des Propheten Jesaja.

Da hatte Philippus plötzlich das Gefühl, als dränge ihn der Heilige Geist, mit dem afrikanischen Beamten zu sprechen.

Also lief er ein Stück hinter dem Wagen her und rief hinauf: „Bist du sicher, daß du alles verstehst, was dort geschrieben steht?"

„Wie sollte ich sicher sein", erwiderte der Beamte, „wenn niemand kommt und mir erklärt, was die Worte des Jesaja bedeuten?" Dann fuhr er fort: „Warum steigst du nicht zu mir und erklärst mir den Sinn der Weissagungen des Propheten Jesaja?"

Philippus kletterte auf den Wagen und setzte sich an die Seite des Beamten.

Der las gerade die Stelle: „Wie ein Lamm wird er ins Schlachthaus geführt, und wie ein Lamm, dem man die Wolle abschert, den Mund nicht auftut, genauso schweigt auch er."

Da erklärte ihm Philippus, daß damit Jesus gemeint war; daß er sich hatte kreuzigen lassen, daß er dann aber durch den Tod hindurchgegangen war und so den Menschen das Leben gegeben hatte. Und er erzählte ihm noch viel mehr vom Menschensohn.

Nachdem sie ein Stück weitergefahren waren, kamen sie an eine Wasserstelle, und der Beamte sagte: „Ich sollte mich auf der Stelle taufen lassen." Philippus erwiderte: „Wenn du mit deinem ganzen Herzen glaubst, daß Jesus Christus der verheißene Messias und der Sohn Gottes ist, dann will ich dich auf der Stelle taufen." Der Beamte sprach: „Ich glaube fest, daß Jesus Christus der Sohn Gottes ist."

Er ließ den Wagen anhalten, stieg mit Philippus herunter und ließ sich taufen. Sobald dies geschehen war, nahm der Geist Gottes den Philippus hinweg, und der Beamte erblickte ihn nicht mehr.

25 Die Anhänger Jesu stellen sich die Frage: Sollen wir nur Juden oder auch Heiden taufen? Petrus tauft die ersten Heiden und öffnet die Kirche damit für alle Menschen.

Was sollten die Apostel und Diakone machen, wenn Heiden kamen, um sich taufen zu lassen?

Damals lebte in Caesarea ein römischer Hauptmann, der Kornelius hieß. Er und seine Familie waren fromme, gute Leute. Sie halfen den Armen und Schwachen, so gut sie konnten, und beteten viel zu Gott.

Eines Tages spricht ein Bote Gottes zu ihm: „Schicke ein paar Männer nach Joppe. Sie sollen Petrus holen und in dein Haus bringen." Sofort schickt Kornelius drei Männer los. Während sie nach Joppe unterwegs sind, hat Petrus dort, als er gerade auf dem Dach des Hauses betet, das Gefühl, als öffne sich der Himmel. Ein Tuch senkt sich herab. In diesem Tuch sind viele Tiere, darunter auch ein Schwein. Er hört über sich eine Stimme: „Schlachte und iß!" Petrus erwidert: „Nein. Ich darf nichts Unreines essen." Er sagt dies, weil Israeliten kein Schweinefleisch essen dürfen. Doch die Stimme sagt: „Was Gott gereinigt hat, sollst du nicht unrein nennen."

Petrus überlegt noch, was das bedeuten könnte, da stehen schon die Männer des Kornelius vor dem Haus und bitten ihn mitzukommen. Petrus geht mit ihnen. Bald sind sie bei Kornelius. In seinem Haus sind seine Verwandten und Freunde versammelt. Auf dem Weg hierher hat Petrus begriffen, was das Tuch mit den Tieren darin bedeuten sollte. Die reinen und die unreinen Tiere sind alle zusammen. Gott will, daß es keinen Unterschied mehr gibt zwischen den „reinen" Juden und den „unreinen" Heiden. Gott liebt *alle* Menschen. Jesus Christus ist gekommen, um *allen* Menschen das Heil und den Frieden zu bringen. Deshalb scheut sich Petrus nicht, das Haus eines Heiden zu betreten. Er spricht zu den Versammelten: „Jetzt erkenne ich, daß Gott alle Menschen liebt, seien sie nun Juden oder Heiden." Dann berichtet er, was Jesus in den Jahren seiner öffentlichen Tätigkeit gesagt und getan hat, wie er gekreuzigt wurde und den Tod besiegte. Dann fährt er fort: „Jesus hat uns den Auftrag gegeben, dem Volk zu predigen und zu bezeugen, daß er der von Gott bestimmte Richter über Lebende und Tote ist. Von ihm sagen alle Propheten, daß jeder, der an ihn glaubt, durch seinen Namen Vergebung der Sünden erhält."

Da kommt der Heilige Geist auf alle Anwesenden herab. Jetzt erkennen die Juden, die mit Petrus gekommen sind, daß Gott auch über die Heiden seinen Geist herabgeschickt hat. Und Petrus ruft: „Wie könnten wir jenen die Taufe versagen, die den Heiligen Geist empfangen haben wie wir auch?"

Hierauf taufen sie alle Heiden, die um die Taufe bitten.

Als Petrus nach Jerusalem zurückkehrt, meinen einige Apostel und Diakone, er hätte die Heiden nicht taufen dürfen. Da erzählt ihnen Petrus, was geschehen ist, und sie begreifen, daß Gott auch den Heiden die Umkehr zum Glauben ermöglichen will.

26 Die junge Gemeinde hat nicht nur äußere Feinde. Einige Christen lassen sich vom Geld und von der Macht verführen.

Noch etwas anderes trug dazu bei, daß die junge christliche Gemeinde sich nicht länger als eine kleine Gruppe der jüdischen Religion fühlte. Der Neid und der Zorn derjenigen, die den Armenpfleger und Prediger Stephanus gesteinigt hatten, richtete sich bald gegen die ganze Christengemeinde. Deshalb mußten sich die Christen enger zusammenschließen, und sie kamen so schneller zu der Überzeugung, daß sie mehr als eine israelitische Sekte, nämlich eine neue Einheit waren. Auch flüchteten viele Christen, nicht die Apostel, vor ihren Verfolgern in die umliegenden Gebiete, vor allem nach Samaria und verkündeten dort die Frohbotschaft. So entstand eine neue Gemeinde in Samaria, einem nicht-jüdischen, halb-heidnischen Land. Diese Flüchtlinge sind die ersten Missionare der Kirche.

Die Verfolgungen helfen den ersten Christen, sich zu einer echten Gemeinschaft zusammenzuschließen und den neuen Glauben über Jerusalem hinaus auch in heidnischen Ländern zu verbreiten. Gefährlicher sind die Neigungen und Kräfte, die sich heimlich in einzelnen Gemeindemitgliedern entwickeln und die junge Gemeinde von innen her gefährden.

Ein Beispiel dafür sind die Eheleute Hananias und Saphira. Beide verkauften ein Grundstück, gaben bei den Aposteln aber nur einen Teil des Geldes ab, den sie dafür bekommen hatten. Petrus sprach Hananias ins Gewissen, er habe nicht nur die Menschen belogen, sondern Gott. Hananias war so betroffen, daß er tot umfiel.

Wenig später kam seine Frau und log gleichfalls. Petrus fragte sie, warum sie sich mit ihrem Mann zu einem solchen Betrug verbündet habe. Es wird berichtet, daß sie gleichfalls auf der Stelle gestorben sei.

Um Geld geht es auch bei der Geschichte von Simon dem Zauberer. Schon eine ganze Zeit ist er im Land umhergezogen. Die Leute bewundern seine Zaubertricks und sagen: „Er ist ein großer Mann. Er besitzt die Kraft Gottes." Dann kommt Philippus und predigt die Frohbotschaft, und viele lassen sich taufen, auch der Zauberer Simon. Er staunt über die Wunder, die Philippus wirkt, und folgt ihm nach.

Als Petrus und Johannes in Jerusalem hören, daß Philippus in Samaria viele Menschen für Jesus Christus gewonnen hat, kommen sie zu den Neugetauften, um durch Handauflegung den Heiligen Geist auf sie herabzurufen. Wir nennen das heute Firmung, das heißt „Stärkung".

Simon der Zauberer sieht, daß die Apostel den Heiligen Geist herabrufen können.

Auch er möchte diese Fähigkeit besitzen. Deshalb bietet er Petrus und Johannes Geld an und sagt: „Gebt mir dafür die Kraft, den Heiligen Geist herabzurufen."

Da wird Petrus zornig und spricht zu ihm: „Glaubst du, man könne die Gaben Gottes für Geld bekommen? Du hast kein Recht, dich einen Anhänger der Frohbotschaft Jesu zu nennen, denn du hast nichts als Geld im Sinn, und du möchtest um jeden Preis als derjenige dastehen, der alles kann. Du tust mir leid, denn ich sehe dich mitsamt deinem Geld ins Verderben stürzen."

Da sagt Simon: „Verzeiht mir und betet für mich zu Gott, daß er mich nicht für meine Schlechtigkeit bestraft."

Nach Simon versuchten noch andere, geistliche Gaben zu kaufen. Man nennt das Simonie.

27 Die Römer erklären ihren Kaiser zum Gott, und aus Ägypten, Syrien und Persien kommen religiöse Geheimbünde, die nur Eingeweihte aufnehmen.

Zu dieser Zeit dehnte das mächtige römische Reich seine Grenzen immer weiter aus. Ein solches Riesenreich war sehr schwer zu beherrschen. Wir haben schon gesehen, wie das von den Römern besetzte Israel auf einen wartete, der die fremden Besatzungstruppen aus dem Land vertreiben sollte. Und so war es in vielen anderen von den Römern besetzten Ländern.

Da sagten sich die Mächtigen in Rom: „Wir halten das große Reich am leichtesten dadurch zusammen, daß wir den römischen Kaiser zum Gott erklären und ihn wie einen Gott verehren. Wenn die Leute dann den Kaiser als einen Gott betrachten, werden sie es nicht wagen, etwas gegen ihn zu sagen und zu unternehmen."

Solange man den römischen Kaiser wie einen Gott verehrte, ließen die Mächtigen Roms es zu, daß die Leute daneben auch noch andere Götter verehrten, auch Götter aus den besetzten Gebieten, beispielsweise aus Ägypten, Syrien und Persien.

Überall suchten die Menschen Antworten auf ihre tiefen Fragen: Warum und wozu lebe ich? Wie soll ich leben? Was geschieht mit mir nach dem Tod? Gibt es dann ein Weiterleben?

Aber die Götter der Römer, der Ägypter, der Syrer und Perser und viele andere mehr

gaben den fragenden Menschen nicht das Heil und nicht den Frieden.
Die Römer verlangten vor allem äußerliche Opferhandlungen. Es kam nicht darauf an, daß das Herz dabei beteiligt war. Und die Religionen aus dem Osten, beispielsweise aus Syrien oder Persien, waren hauptsächlich Geheimbünden vorbehalten. Nur feierlich Eingeweihte nahmen an den geheimen religiösen Feiern teil, bei denen sie Heil, Licht und Frieden zu gewinnen hofften.
Nehmen wir als Beispiel den persischen Mithraskult, der vor allem unter römischen Besatzungssoldaten in Deutschland verbreitet war. Mithras ist ein Lichtgott, der das Böse in Gestalt eines Stiers tötet. Er tut den Menschen viel Gutes und fährt in einem Feuerwagen zum Himmel. Bei seiner Wiederkunft wird er noch einmal einen Stier töten und dann den Trank des ewigen Lebens bereiten.
Wer in die Mithrasgemeinde aufgenommen werden wollte, mußte viele Prüfungen, Proben und Kulthandlungen über sich ergehen lassen. Die geheimen Mithrasfeiern fanden meistens in langen, schmalen Höhlen statt. Aber alle diese Religionen besaßen nicht die Lebendigkeit der jungen Christengemeinde, und die Geheimbünde standen nicht allen offen wie die Kirche Jesu Christi.

28 Den eigentlichen Durchbruch des Gotteswortes in die Welt bewirkt vor allem ein Mann: Paulus.

Obwohl es jetzt schon außerhalb Jerusalems Christengemeinden gibt, haben sich viele Anhänger Jesu immer noch nicht ganz von dem alten jüdischen Glauben gelöst. Und selbst wenn ihnen das gelingen sollte, bleibt noch die Frage: Wie können so einfache Menschen wie Petrus und seine Freunde die Botschaft Jesu in die Länder tragen, in denen es Riesenstädte gibt, in denen hochgebildete, verwöhnte, feine Leute leben, die eine andere Sprache sprechen als beispielsweise der arme Fischer Petrus?
Daß dies alles dennoch gelang, im wesentlichen zwischen den Jahren 33 und 67 nach Christi Geburt, ist vor allem einem Mann zu verdanken: Paulus.
Dabei sah es zunächst ganz und gar nicht danach aus, daß Paulus einer der tatkräftigsten und erfolgreichsten Verkünder der Botschaft Jesu Christi werden sollte.
Er ist vermutlich ein paar Jahre nach der Geburt Jesu in der Hafenstadt Tarsus geboren. In dieser Stadt wird viel Griechisch gesprochen. So lernt auch der junge Paulus diese Sprache. Seine Eltern sind Juden. Sie gehören zu den einflußreicheren Bürgern der Stadt und besitzen das römische Bürgerrecht. Der junge Paulus liest viel, und er hat gute Lehrer. Er beobachtet aufmerksam, wie die Römer ihr Reich vergrößern.
Eigentlich heißt er Saulus, aber sofort nach der Geburt bekommt er den römischen Namen Paulus noch hinzu. Paulus wird streng im jüdischen Glauben erzogen. Als junger Mann geht er in die Schule des berühmten jüdischen Schriftgelehrten Gamaliel, studiert mit diesem zusammen das Gesetz des Mose und die anderen Schriften der Israeliten und wird einer der eifrigsten Verfechter des israelitischen Glaubens. Um sich selbst ernähren zu können, erlernt er das Handwerk eines Zeltmachers.
Kurz nach der Kreuzigung Jesu kommt einer von Paulus' Bekannten nach Tarsus und erzählt, daß die Freunde Jesu überall im Land die Botschaft des Menschensohns verbreiten und den alten jüdischen Glauben in Frage stellen.
Sofort entschließt sich Paulus, nach Jerusalem zu eilen und gegen die Christen vorzugehen. Er hält es für unmöglich, den gekreuzigten Sohn eines armen Zimmermanns aus Nazaret für den Gottes- und Menschensohn zu halten, und für ihn gibt es nur einen Weg zum Heil: die Treue zum israelitischen Gesetz. Die Botschaft Jesu ist für Paulus kein Heilsweg.
Als der Diakon Stephanus gesteinigt wird, ist Paulus dabei, und als er hört, daß in Damaskus Christen aufgetaucht sind, macht er sich auf den Weg dorthin, um sie gefangenzunehmen und gefesselt nach Jerusalem zu bringen, wo sie verurteilt werden sollten.
Als er sich um die Mittagszeit Damaskus nähert, wird er urplötzlich von einem starken Licht geblendet. Er stürzt zu Boden und

hört über sich eine Stimme: „Saulus, Saulus, warum verfolgst du mich?“ Er fragt: „Wer spricht da?“ Die Stimme antwortet: „Ich bin Jesus von Nazaret, den du verfolgst.“
Die Männer, die mit Paulus gegangen sind, sehen das Licht, doch die Stimme, die zu Paulus spricht, hören sie nicht.
Paulus fragt: „Was soll ich tun, Herr?“ Die Stimme erwidert: „Steht auf und geh nach Damaskus. Dort wird man dir sagen, was du tun sollst.“

29 Sofort nach seiner Bekehrung
setzt sich Paulus
mit Rieseneifer
für die Verbreitung
der Botschaft Jesu ein.
Zweimal plant man,
ihn umzubringen.
Doch er entkommt.

Das starke Licht hatte Paulus so sehr geblendet, daß er nicht mehr sehen konnte. Deshalb nahmen seine Begleiter ihn an der Hand und führten ihn nach Damaskus hinein. Drei Tage lag konnte er nicht essen und nicht trinken.

In Damaskus lebte zu der Zeit ein Anhänger Jesu, der Hananias hieß. Dieser hörte eine Stimme, die zu ihm sagte, er solle in eine bestimmte Straße gehen und dort nach einen gewissen Saulus aus Tarsus fragen.

„Saulus?" fragte Hananias erschrocken, „das ist doch der Mann, der den Christen in Jerusalem soviel Böses zugefügt hat, und er ist hierhergekommen, um auch hier Christen zu fangen und zur Hinrichtung nach Jerusalem zu bringen." Die Stimme erwiderte: „Geh zu ihm. Ich habe ihn dazu ausgesucht, daß er meinen Namen in Israel und in der ganzen Welt bekannt macht."

Da ging Hananias in das Haus, in dem Paulus war. Er sagte zu ihm: „Saulus, Bruder, Jesus schickt mich zu dir, um dich wieder sehend zu machen und den Heiligen Geist auf dich herabzurufen."

In demselben Augenblick konnte Paulus sehen, und er aß und trank auch wieder.

Hananias sagte weiter zu ihm: „Laß dich sofort taufen."

Durch die Taufe wurde Paulus ein Jünger Jesu.

Er ging sofort auf die Straße und verkündete das Wort Gottes.

Paulus versetzte die strenggläubigen Juden in solche Unruhe, daß sie beschlossen, ihn aus dem Weg zu räumen. Paulus erfuhr von ihrem Plan, und er wußte, daß sie die Stadttore bewachten, um ihn umzubringen.

Deshalb ließen Jünger Jesu ihn in der Nacht in einem Korb an der Stadtmauer herab. Drei Jahre lang war er südöstlich von Damaskus als Missionar tätig, bevor er Jerusalem besuchte. Die Jünger in Jerusalem hatten zunächst Angst vor ihm, sie glaubten nicht, daß er nun auf der Seite Jesu war, aber ein Jünger namens Barnabas nahm ihn freundlich auf und brachte ihn zu den Aposteln. Dort berichtete er, daß Paulus auf dem Weg nach Damaskus ein Freund Jesu geworden war und sich in der Stadt für die Verbreitung der Frohbotschaft eingesetzt hatte. Die Apostel freuten sich über den unermüdlichen Einsatz des Paulus. Dieser predigte auch in Jerusalem im Namen Jesu und setzte sich, da er Griechisch sprach, vor allem mit den Griechisch sprechenden Leuten auseinander. Wieder planten seine Gegner einen Anschlag auf sein Leben, und wieder retteten ihn seine christlichen Freunde vor dem Tod. Sie brachten ihn nach Cäsarea. Von dort kehrte er zunächst in seine Heimatstadt Tarsus zurück.

30 In Antiochia bildet sich
nach Jerusalem die zweite
große christliche Gemeinde.
Erstmals lassen sich
mehr Heiden als Juden taufen.
Paulus unternimmt
eine Reihe von langen
Missionsreisen.

Nach der Ermordung des Stephanus waren viele Anhänger Jesu in die syrische Stadt Antiochia geflohen. Hier lebten überwiegend Heiden. Die Christen begannen sofort, ihnen die Frohbotschaft zu verkünden. Vor allem das Beispiel des Petrus gab ihnen dazu Mut, denn dieser hatte mit Kornelius den ersten Heiden getauft und in die Gemeinde Jesu aufgenommen. Die Jünger Jesu in Antiochien hatten viel Erfolg. Es ließen sich zahlreiche Heiden taufen.

Davon hörten die Apostel in Jerusalem, und sofort schickten sie Barnabas dorthin, um den Christen bei ihrer Missionsarbeit zu helfen.

Als Barnabas in Antiochia ankam, sah er, daß man hier noch sehr viel mehr Anhänger gewinnen könnte. Doch da hier viele Leute

aus anderen Ländern wohnten, brauchte man einen Missionar, der ihre Sprache sprach und sich überhaupt mit fremden Menschen besser auskannte als die einfachen Apostel und Diakone aus der Gegend um Jerusalem. Sofort dachte Barnabas an Paulus.

Also reiste Barnabas nach Tarsus und forderte Paulus auf, mit ihm nach Antiochia zu kommen. Ein ganzes Jahr lang wirkten sie zusammen in der Stadt, und die christliche Gemeinde wurde immer größer. Bald war Antiochia nach Jerusalem die größte christliche Gemeinde, und erstmalig bekehrten sich mehr Heiden als Juden zu dem neuen Glauben. Damit hatte das Christentum aufgehört, eine jüdische Sekte zu sein. Hier in Antiochia war es auch, daß sich die Bezeichnung „Christianer“, das heißt „Christen“ für die Anhänger Jesu durchsetzte.

Paulus unternahm zuerst mit Barnabas, später dann allein eine Reihe von Missionsreisen. In Griechenland, der Türkei, in Syrien und auf einer Reihe von Mittelmeerinseln gründete er christliche Gemeinden oder ließ sie durch Mitarbeiter gründen. Unermüdlich kümmerte er sich um den Ausbau dieser Gemeinden und um die Sorgen der Gemeindemitglieder. Er schrieb eine Reihe von Briefen, um Streitigkeiten innerhalb der Gemeinden zu schlichten und sie vor fragwürdigen neuen Lehren zu warnen.

31 Auf einer Versammlung aller Missionare in Jerusalem setzt Paulus durch, daß Heiden nicht erst Juden werden müssen, ehe sie Christen werden können.

Vermutlich in den Jahren 48/49 kam es zwischen den Gemeinden in Antiochia und Jerusalem zu einem Streit. In Antiochia vertrugen sich die getauften Heiden sehr gut mit den getauften Juden. Sie kamen zum Herrenmahl zusammen und brachen dabei brüderlich das Brot, wie Jesus es ihnen aufgetragen hatte.

Da sagten viele Christen in Jerusalem, die als Juden den neuen Glauben angenommen hatten: „Die Christen, die einmal Heiden waren, machen es sich zu leicht. Obwohl wir Christen sind, halten wir am Gesetz des Mose fest und befolgen die alten jüdischen Bräuche. Wir freuen uns zwar darüber, daß sich die Heiden haben taufen lassen, aber es ist nicht genug, daß sie an Jesus glauben, sondern sie müssen genau wie wir die Vorschriften des jüdischen Gesetzes beachten. Bevor sie richtige Christen werden können, müssen sie erst einmal Juden werden.“

Petrus kam nach Antiochia. Er konnte nicht verhindern, daß der Streit immer heftiger wurde. Er selbst fand nichts dabei, sich mit den ehemaligen Heiden an einen Tisch zu setzen und mit ihnen das Brot zu brechen, doch viele seiner Freunde und Mitarbeiter in Jerusalem sahen das nicht gern. Deshalb vermied es Petrus, noch weiter mit getauften Heiden zusammenzukommen.

Paulus konnte nicht verstehen, daß Petrus sich gegenüber den getauften Juden nicht durchzusetzen wagte. Er sagte sich: „Christus hat uns von der Last des Gesetzes be-

freit, und nun sollen sich die von ihm Befreiten wieder dem Gesetz des Mose unterwerfen? Sollen sie ein zweitesmal unfrei werden? Ist das Gesetz plötzlich wieder wichtiger als die Frohbotschaft Jesu?"

Als Petrus in Antiochia den getauften Heiden weiter aus dem Weg ging, stellte ihn Paulus, wie er selbst in einem Brief erzählt, vor allen Leuten zur Rede. Er fragte ihn: „Wie kannst du von den getauften Heiden verlangen, nach dem jüdischen Gesetz zu leben? Du tust es selber doch nicht mehr, obwohl du ein Jude bist. Ist dir nicht genauso wie uns allen bekannt, daß der Mensch nicht durch das kleinliche Befolgen der Gesetzesvorschriften, sondern dadurch gerettet wird, daß er an Jesus Christus glaubt und seinen Worten folgt?"

Doch die getauften Juden gaben keine Ruhe, sie bestanden darauf, daß die getauften Heiden wie die Juden leben sollten. Und wenn sie das nicht wollten, sollte sich kein getaufter Jude mehr mit ihnen an einen Tisch setzen.

Wahrscheinlich im Jahr 49 nach Christi Geburt trafen sich alle Missionare in Jerusalem, um über diesen Streitpunkt zu sprechen. Diese Versammlung nennt man das „Apostelkonzil" von Jerusalem. Paulus setzte durch, daß die Heiden nicht erst Juden werden mußten, ehe sie Christen werden konnten.

32 In Athen muß Paulus erfahren, daß es sehr schwer ist, auch die Vornehmen, die Gebildeten und die Reichen für Jesus zu gewinnen.

Allerdings wurde den Heiden auf diesem Apostelkonzil empfohlen, „aus brüderlicher Rücksicht auf die getauften Juden“ nach ihrer Taufe das Fleisch bestimmter Tiere nicht zu essen und mit Verwandten keine Ehe zu schließen.

Paulus war über diesen Zusatz gar nicht glücklich. Ihm wäre lieber gewesen, man hätte klipp und klar gesagt: Um Christ zu sein, genügt es, an Jesus zu glauben und in seinem Geist zu leben.

Vermutlich weil er sah, daß sich viele getaufte Juden nur sehr schwer vom jüdischen Gesetz lösen konnten, wandte er sich beinahe ausschließlich der Heidenmission zu. Dies bedeutete aber nicht, daß es für ihn immer leicht gewesen wäre, Heiden für die Kirche Jesu Christi zu gewinnen. Das sollte er vor allem in Athen erfahren, der Hauptstadt Griechenlands, die er zwischen 50 und 53 nach Christi Geburt besuchte.

In Athen leben viele gebildete Leute. Wenn sie überhaupt beten, dann tun sie dies vor einem der vielen Götterbilder, von denen die Stadt voll ist.

Nachdem Paulus sich hier mit Juden und anderen frommen Menschen unterhalten hat, kommt er auch mit griechischen Gebildeten ins Gespräch. Einige von ihnen sagen: „Wovon redet dieser Schwätzer überhaupt?“ Andere meinen: „Er will uns dazu bringen, seine Götter anzubeten.“ Sie meinen damit Jesus Christus, von dem Paulus gesprochen hat. Sie sagen zu Paulus: „Komm mit uns zum Areopag, dem Hügel des Kriegsgottes Ares, und sage uns, was das für eine neue Lehre ist, die du verkündest.“

Die Athener hören nämlich immer gern etwas Neues. Paulus spricht zu ihnen: „Ich habe hier in der Stadt einen Altar gesehen, auf dem geschrieben steht: ‚Dem unbekannten Gott.‘ Ich will euch sagen, wer dieser ‚unbekannte Gott‘ ist, den ihr verehrt, ohne ihn zu kennen. Der Gott wohnt nicht in Tempeln, und er ist nicht von Menschen gemacht wie eure vielen Götter. Gott ist nicht aus Stein und nicht aus Gold. Lange genug hat er darüber hinweggesehen, daß die Menschen sich selber Götter gemacht haben. Jetzt aber ruft er alle Menschen auf, ein neues Leben anzufangen. Er hat uns seinen Sohn geschickt. Der hat uns gesagt, wie wir leben sollen. Der Gottessohn ist durch den Tod hindurchgegangen, das Totenreich konnte ihn nicht festhalten.“

Als die Athener hören, daß er von der Auferstehung der Toten spricht, fangen sie an zu lachen und sagen: „Für heute haben wir genug von diesem Unsinn.“

Hier zeigt sich, daß es für die Missionare sehr schwer ist, auch die Reichen und Gebildeten für Jesus und seine Frohbotschaft zu gewinnen. Diese und viele andere Schwierigkeiten erklären, warum die Gemeinden, die Paulus und seine Mitarbeiter gründen, in der Regel nur sehr klein sind.

33 In der Hafenstadt Ephesus
muß sich Paulus
mit Silberschmieden
auseinandersetzen,
für die der Götzendienst
vieler Leute eine gute
Einnahmequelle ist.
Hier erfährt er auch,
daß sich viele Christen
in der Gemeinde Korinth
miteinander streiten.
In einem Brief
ruft er sie zur Einigkeit auf.

Zwischen 53 und 58 nach Christi Geburt hält sich Paulus etwa 3 Jahre in der westtürkischen Hafenstadt Ephesus auf.

Ephesus ist zu dieser Zeit eine Weltstadt mit einer halben Million Einwohner. Hier wird viel Handel getrieben, und man trifft hier auf Menschen der verschiedensten Religionen. Hier gibt es religiöse Geheimbünde, Zauberer ziehen durch die Straßen. Es gibt einen großen Tempel der Artemis, einer griechischen Fruchtbarkeitsgöttin, zu dem viele Menschen kommen, um diese Göttin anzubeten. Das nutzen vor allem die Silberschmiede aus, die silberne Artemistempelchen herstellen und den Leuten für viel Geld verkaufen. Für sie ist also der Artemiskult ein gutes Geschäft. So kann man verstehen, daß sie gegen Paulus sind, der vor allem deshalb nach Ephesus gekommen ist, um den Leuten zu sagen, daß es nur einen wahren Gott gibt.

Demetrius, der Sprecher der Silberschmiede, ruft seine Arbeitskollegen zusammen und sagt zu ihnen: „Dieser Paulus verbreitet überall, daß wir nur Götzen machen und daß der Tempel der Göttin Artemis ein Götzentempel ist. Wenn die Leute auf ihn hören, dann kommt bald niemand mehr in den Tempel, und wir können unsere Artemistempelchen nicht mehr verkaufen.

Tatsächlich ist es Paulus bis zu diesem Tag gelungen, in Ephesus viele Juden und Heiden zu taufen. Er bringt es auch fertig, daß viele Zauberer ihre Bücher verbrennen.

Den Silberschmieden gelingt es jedoch, die ganze Stadt in Aufruhr zu versetzen, und viele Menschen schreien: „Wir lassen uns unsere Göttin Artemis nicht nehmen!" Paulus will vor die Leute treten und ihnen sagen, daß sie der Göttin Artemis den Rücken kehren und sich Jesus zuwenden sollen. Doch seine Freunde fürchten, daß die aufgehetzte Menge ihm etwas antun wird. Deshalb halten sie ihn zurück. Schließlich gelingt es dem Stadtschreiber, die Menge zu beruhigen. Kurz nach diesem Aufruhr verläßt Paulus die Stadt, um weitere Gemeinden zu gründen.

Dabei fängt er immer in den großen Städten an. Er hofft, daß die Gemeindemitglieder dann die Botschaft Jesu in das umliegende Land hinaustragen. Immer wieder schärft er seinen Mitarbeitern ein, sich bei ihrer Missionsarbeit den Leuten anzupassen, mit denen sie gerade zu tun haben. „Ich bin allen alles geworden", sagt er. Er meint damit: Zu den Griechen hat er wie ein Grieche gesprochen, zu den Juden wie ein Jude. Er versetzt sich in die anderen ganz hinein, knüpft immer bei dem an, was sie umgibt und bewegt, und wenn er unter Hafenarbeitern ist, dann spricht er so, als sei er einer von ihnen. Zu dieser Zeit schreibt er an die Gemeinde in Korinth einen Brief, in dem er sie zur Einigkeit aufruft. Hier ein Ausschnitt aus diesem Brief:

„Ich ermahne euch, meine lieben Brüder im Namen unseres Herrn Jesus Christus, einig zu sein und alle Streitigkeiten untereinander zu vermeiden. Ich habe gehört, daß einige sagen: ‚Ich gehöre zu Paulus' und andere dagegen behaupten: ‚Ich gehöre zu Christus.' Ich frage euch: Ist Christus geteilt? Bin ich, Paulus, gekreuzigt worden? Seid ihr auf meinen Namen oder auf den Namen Jesu Christi getauft worden? Wir sind alle eins in Jesu. Vergeßt das nicht. Wenn Eifersucht und Streit unter euch sind, dann seid ihr nicht Jünger Jesu."

34 Paulus möchte im ganzen westlichen Mittelmeerraum christliche Gemeinden gründen und als nächstes die Gemeinde in Rom besuchen. Doch da wird er in Jerusalem von getauften Israeliten beinahe getötet. Die Römer verhaften ihn. Zwei Jahre sitzt er im Gefängnis.

Noch mehrmals muß Paulus die Gemeindemitglieder in Korinth ermahnen, auf den rechten Weg zurückzukehren. Unter ihnen gibt es Leute, die sich für „Überapostel" halten und denen mehr daran liegt, sich selber in den Vordergrund zu rücken als still und regelmäßig Gemeindearbeit zu tun. Auf diese Weise verwirren sie die Gemeindemitglieder, und sie sagen auch, daß Paulus, der in den neuen Gemeinden Geld für die Armen in Jerusalem sammeln möchte, sie nur ausbeuten wolle. Andere in der Gemeinde nehmen es mit der ehelichen Treue nicht genau. Paulus ermahnt die Eheleute, einander unbedingt treu zu sein.
Es dauert lange, bis in der Gemeinde wieder Frieden eingetreten ist. Paulus hat weitere große Pläne. Er möchte nach Rom fahren und an den Küsten des westlichen Mittelmeers neue Gemeinden gründen.
Doch Paulus kommt nicht mehr dazu. Warum nicht, wollen wir im folgenden kurz schildern.
Nachdem er Geld für die Armen in Jerusalem gesammelt hat, reist er im Jahr 56 dorthin, um die Spende selbst zu überbringen. Die Gemeindemitglieder nehmen ihn freundlich auf, doch sofort werfen ihm einige vor, er habe überall die getauften Juden aufgefordert, sich nicht mehr um das Gesetz des Mose zu kümmern.
Nach einigen Tagen behaupten die lautesten unter seinen Gegnern, er habe einen getauften Heiden mit in den Tempel genommen. Darauf steht nach jüdischem Gesetz

der Tod, und hätten nicht sofort römische Soldaten eingegriffen, wäre Paulus von seinen eigenen Landsleuten auf der Stelle getötet worden. Er wird verhaftet und in die Stadt Cäsarea gebracht. Wahrscheinlich hat er dort zwei Jahre im Gefängnis gesessen. Weil er römischer Staatsbürger ist, darf er nur in Rom vor Gericht gestellt und verurteilt werden.

So wird er nicht als ein freier Missionar, sondern als Gefangener nach Rom kommen. Noch in Korinth hat er an die christliche Gemeinde in Rom einen Brief geschrieben, in dem er seinen Besuch ankündigt. In diesem Brief faßt er noch einmal alle die Gedanken zusammen, die ihn am meisten bewegen: Die Menschen können nur durch Jesus Christus gerettet werden, und nur der Glaube, nicht die genaue Befolgung des Gesetzes macht uns zu Gotteskindern. Und wie immer fordert er die Gemeindemitglieder auf, einander zu lieben und Gutes zu tun, wie Jesus es ihnen vorgemacht hat: „Die Liebe tut dem Mitbruder nichts Böses. Die Erfüllung des Gesetzes ist die Liebe.“

35 Paulus wird als Gefangener
nach Rom gebracht.
Auch während der Reise
versucht er, Menschen
für Christus zu gewinnen.
Unerwartete Ereignisse
bieten ihm die Gelegenheit,
die rettende Macht
Jesu Christi zu zeigen.

Paulus besteht darauf, daß er nach Rom gebracht wird. Vermutlich im Jahre 60 segelt das Schiff mit dem Gefangenen an Bord in Richtung Italien. In der Apostelgeschichte wird unter anderem erzählt, sie hätten dabei Schiffbruch erlitten, Paulus sei gerettet worden und habe so noch viele Menschen für die Kirche gewinnen können.

Es ist nicht sicher, ob das alles ganz genauso geschehen ist. Dasselbe gilt für beinahe alle Ereignisse, die wir bisher geschildert haben. Es handelt sich nicht um genaue Berichte. Darauf kam es denjenigen, die sie damals aufgeschrieben haben, nämlich gar nicht an. Sie wollten nichts anderes als darzustellen, was Gott auf geheimnisvolle Weise Großes an den Menschen getan hat.

Wir dürfen diese frühen Texte also nicht wie ein Geschichtsbuch und nicht wie genaue Reportagen lesen, denn das wollen sie gar nicht sein. Sie wollen vielmehr Gottes besondere Wege zeigen.

Und so ist es durchaus möglich, daß in der Apostelgeschichte der Schiffbruch nur deshalb erwähnt oder spannend ausgemalt wird, weil der Verfasser sagen will, daß Gott mit Paulus noch Besonderes vorhat.

Das kann man schon am Anfang der Seereise erkennen. Der Hauptmann Julius, der die Gefangenen begleitet, ist von Beginn an freundlich zu Paulus. Als der Seesturm losbricht, erweist sich Paulus als der Retter. Ein Bote Gottes hat ihm nämlich versichert, daß er in jedem Fall in Rom ankommen wird, um vor dem Kaiser zu erscheinen. Und mit ihm werden alle Männer dieses Schiffes gerettet werden. Da die Rettung des Paulus also schon von vornherein sicher ist, brauchen wir auch nicht mehr um sein Leben zu fürchten, als ein paar Soldaten vorschlagen, die Gefangenen zu töten. Der Hauptmann Julius, der Paulus richtig mag, ist im rechten Augenblick zur Stelle und verhindert die Ermordung des Paulus und der anderen Gefangenen. Als sie auf der Insel Malta überwintern, heilt Paulus den Vater des Inselkommandanten von einer schweren Krankheit. Sie bringen noch weitere Kranke zu ihm, und alle macht er im Namen Jesu gesund.

Daß diese frühen Schriften nicht einfach informieren, sondern verkündigen und missionieren wollen, sieht man auch daran, daß beispielsweise in der Apostelgeschichte römische Bürger oft als freundlich dargestellt werden, so der Hauptmann Justus, der Paulus nach Rom bringt, aber auch der Hauptmann Kornelius, den Petrus tauft. Die Römer sollen für die Frohbotschaft Jesu gewonnen werden.

36 Obwohl er bewacht wird, gewinnt Paulus in Rom neue Christen hinzu. Etwa zu derselben Zeit hält sich auch Petrus in Rom auf.

Was mit Paulus nach der Ankunft in Rom geschah, wissen wir nicht genau. Die Apostelgeschichte berichtet, die römischen Behörden hätten ihn zwar bewacht, ihm aber eine eigene Wohnung zugestanden, wo er Besuch empfangen und Briefe schreiben durfte.
Dort wird er auch mit Mitgliedern der jüdischen Gemeinde gesprochen haben. Er sagt ihnen, daß er nur deshalb in Gefangenschaft geraten und nach Rom gebracht worden ist, weil Juden, also Angehörige seines eigenen Volkes, etwas gegen ihn hatten. Er versucht, den in Rom lebenden Juden klarzumachen, daß sie die Last des mosaischen Gesetzes ablegen und der Botschaft Jesu Christi folgen sollen, daß es nicht auf Gesetzestreue, sondern auf die Erneuerung der Herzen und auf Liebe ankommt. Nur wenige Juden lassen sich von ihm überzeugen. Die anderen sind böse über ihn.
Wieder einmal muß Paulus erkennen, daß ausgerechnet Gottes auserwähltes Volk nicht erkennen will, daß mit Jesus das Heil gekommen ist.

Etwa zwei Jahre lang kann Paulus in seiner Wohnung ungehindert mit allen Leuten sprechen, die ihn besuchen, und es ist anzunehmen, daß er dabei unermüdlich versucht hat, allen seinen Besuchern die Botschaft Jesu nahezubringen. Einige vermuten, daß er später freigelassen worden ist und seinen alten Traum verwirklichen konnte: den Namen Jesu auch im westlichen Mittelmeer bekannt zu machen und christliche Gemeinden zu gründen. Er soll dabei bis nach Spanien gekommen sein.
Ausgrabungen in Rom und andere Beobachtungen beweisen, daß etwa zu derselben Zeit auch Petrus in Rom gewesen ist. Hier wie auch anderswo im römischen Reich hat

sich das Christentum verhältnismäßig schnell ausgebreitet. Darüber, wie das im einzelnen vor sich gegangen ist, wissen wir nur wenig. Vermutlich ließen sich viele Leute von der Begeisterung der Missionare anstecken. Lange, ruhige Gespräche öffneten Juden und Heiden die Augen für das Tröstliche und Menschenfreundliche des Christenglaubens, und schließlich entging ihnen auch nicht, daß die meisten Christen freundschaftlich miteinander umgingen, ja wie Brüder zueinander waren.

Natürlich sind es auch in Rom lange Zeit vor allem die kleinen Leute, die Zukurzgekommenen und die Schwachen, die in der Botschaft Christi einen Hoffnungsschimmer und eine Möglichkeit sehen, aus dem Schlimmsten herauszukommen. Aber das stört die Missionare nicht. Schließlich hat Jesus gesagt, daß er vor allem dieser Schwachen und Notleidenden wegen gekommen ist. Es dauert lange, bis Einflußreiche und Gebildete aus den gehobeneren Schichten in größerer Zahl Christen werden.

Anders als bei den Männern ist es bei den Frauen. Schon früh sind es vor allem vornehme Frauen, die sich zu der neuen Lehre hingezogen fühlen und die Missionare unterstützen.

Während der Missionsarbeit in Rom schreiben Petrus und Paulus Briefe an die Gemeinden im Osten und machen ihnen Mut.

37 Die Römer wissen
nicht so recht,
was sie von den Christen
halten sollen.
Sie wissen sehr wenig
von ihnen.
Als dann
der gewissenlose
Kaiser Nero
einen Sündenbock
für seine Übeltaten
braucht, hetzt er
die Menge gegen
die Christen auf.
Petrus und Paulus
werden hingerichtet.

Die Römer wußten zunächst nicht so recht, wie sie sich zu den Christen stellen sollten. Die meisten Christen waren ruhige, fleißige Leute, die gewissenhafter als andere ihre Steuern zahlten und ein vorbildliches Leben führten. Andererseits behaupteten die Christen, ihr Gott sei der einzige und wahre. Da aber nun nicht wenige römische Kaiser sich als Götter fühlten und als Götter angebetet werden wollten, hieß es, die Christen seien gegen den römischen Kaiser und den Staat, und, so sagten viele, Staatsfeinde dürfe man nicht dulden.
Eines beunruhigte die römischen Politiker sehr: Die Christen wollten ihren Glauben in der ganzen Welt verbreiten. Aber auch die Römer wollten ihre Macht und ihre Kultur in der ganzen damals bekannten Welt

durchsetzen. Zwei „Welteroberer“ konnten jedoch nicht nebeneinander bestehen. Da die römische Staatsmacht aber stärker war als die verhältnismäßig kleinen, friedlichen christlichen Gemeinden, gab es für die Römer keinen Zweifel, wer von beiden weichen mußte.
Auch brauchten sie einen Sündenbock, wenn irgend etwas passiert war. Es hieß dann: Das sind die Christen gewesen!
Dies behauptete auch Kaiser Nero, ein gewissenloser Mann, als 64 nach Christi Geburt ein Teil Roms in Flammen aufging. Er verkündete, die Christen hätten das Feuer gelegt. Und so kam es zu einer ersten, noch begrenzten Christenverfolgung.
Dabei wurden auch Petrus und Paulus verhaftet und zum Tode verurteilt. Weil Petrus noch mehr leiden wollte als Jesus, bat er darum, mit dem Kopf nach unten gekreuzigt zu werden. Römische Staatsbürger kreuzigte man nicht. Deshalb wurde Paulus mit dem Schwert enthauptet.
Beide haben entscheidend dazu beigetragen, daß die Botschaft Jesu so kräftig Wurzeln schlagen konnte. Petrus, der einfache, ungebildete Fischer, der anfangs etwas ängstlich und noch zu Beginn des „Apostelkonzils“ in Jerusalem schwankend wirkt, ist am Ende tatsächlich der „Fels“, auf dem die junge Kirche wie auf ihrem Grundstein steht.
Paulus, von Anfang an zielstrebig und fest, verhindert, daß das Christentum eine jüdische Sekte bleibt. Er macht es zur Weltreligion.

38 Zwischen 66 und 70
nach Christi Geburt
versuchen die Juden,
die Römer
aus dem Land zu jagen.
Doch die Römer
bleiben Sieger.
Sie zerstören Jerusalem,
und die Juden
zerstreuen sich
in alle Welt.
Jetzt wird Rom
der Mittelpunkt
der Kirche im Westen.

In Rom steht nicht weit vom Kolosseum, einem riesigen steinernen Stadion, ein 16 Meter hoher Triumphbogen. Die Römer haben ihn zu Ehren des Feldherrn Titus errichtet. Unter den flachen Steinfiguren, die an die Siege des Titus erinnern sollen, entdeckt man eine Gruppe römischer Soldaten, die Geräte aus dem Tempel der Juden in Jerusalem auf den Schultern tragen. Ins Auge fällt vor allem der siebenarmige Leuchter, das Wahrzeichen des jüdischen Glaubens. Was ist geschehen?
Vor allem eine Gruppe unter den Juden, die fanatischen Zeloten, unternimmt alles, um die Römer zum Verlassen des Landes zu bringen. Die Zeloten haben viele Anhänger,

denn die Juden müssen sehr viele Steuern bezahlen und können nicht frei ihre Meinung sagen. Ein Aufstand im Jahr 66 bringt den Zeloten kleinere Erfolge, doch dann rücken starke römische Truppenverbände von Syrien her ein und brechen zuerst den Widerstand der Juden in den kleineren Orten, dann schließen sie unter Titus Jerusalem ein. Zahlreiche gefangene Juden werden mit dem Gesicht zur Stadt gekreuzigt. Schließlich dringen die Römer im Jahr 70 in die Stadt ein, und bald steht der Tempel in Flammen. Die Römer nehmen die Tempelgeräte als Siegestrophäe mit, mehr als 10 000 Juden werden als Sklaven verkauft. Die Stadt wird völlig zerstört. Christen kommen nicht zu Schaden, da sie noch rechtzeitig über den Jordan nach Pella geflohen sind. In zwei weiteren Kriegen wird Israel so gut wie ganz ausgelöscht, und die meisten Juden werden in die ganze Welt zerstreut.

Für die Kirche Jesu bedeutet dies, daß sich kaum noch Juden taufen lassen und die Missionare jetzt ihre ganze Kraft auf die Missionierung der Heiden richten.

Und da Jerusalem zerschlagen ist, entstehen andere Hauptzentren der Kirche, wie Antiochia und Alexandria im Osten und Rom im Westen.

39 Die Apostel bringen die Botschaft Jesu in ferne Länder. Am meisten aber tragen unzählige unbekannte Christen, meistens kleine Leute, dazu bei, daß die Botschaft Jesu überall bekannt wird.

Die Römer hatten den größten Teil der damals bekannten Welt besetzt. Sie bauten Straßen, die ein verhältnismäßig schnelles Reisen möglich machten. Man brauchte keinen Paß, und man konnte sich in der „Koiné", einer Art Volksgriechisch, überall verständigen. Hinzu kam, daß die Römer bemüht waren, überall den Frieden zu bewahren. Dies alles erleichterte den Aposteln Jesu die Missionsarbeit. So versteht man, wenn im 5. Jahrhundert der Dichter Prudentius sagt, die Römer hätten mit Gottes Willen viele Völker unterworfen, sie hätten so den Weg für die Frohbotschaft Jesu bereitet.

Über die Unternehmungen der einzelnen Apostel wissen wir nicht viel. Es gibt keine genauen Berichte, dafür aber viele Legen-

den. Diese Legenden sind nicht gänzlich erfunden. In ihnen sind auch Hinweise auf Ereignisse enthalten, die tatsächlich geschehen sind.
Der Apostel Simon soll am Schwarzen Meer, in Ägypten, in Nordafrika und vielleicht sogar im Süden des heutigen England tätig gewesen sein. Der Apostel Andreas wagte sich vermutlich an die untere Donau, wo die rauhen Skythen lebten, die man damals gelegentlich die „Menschenfresser" nannte. Er soll in Epirus in Griechenland als Märtyrer gestorben sein.
Am weitesten ist diesen Legenden zufolge der Apostel Thomas in damals weitgehend unbekanntes Gebiet vorgedrungen. Es heißt, er habe nicht nur in Syrien, im Iran, in Äthiopien und in Nordafrika gepredigt und getauft, sondern sei bis China, Indien und Japan, gelangt. Ziemlich sicher scheint, daß er im südlichen Indien gewirkt hat.
Auch die übrigen Apostel waren eifrige Missionare. Ihre Namen werden immer wieder erwähnt. Darüber sollten wir aber nicht die unzähligen anderen Christen vergessen, die andere für den neuen Glauben gewonnen haben. Diese vielen unbekannten Missionare, meistens kleine Leute, haben am meisten dazu beigetragen, daß die Kirche Jesu wuchs.

40 Markus, ein Gehilfe des Petrus, schreibt den ersten Gesamtbericht über das Leben Jesu und seine Botschaft. Er nennt ihn Evangelium, also Frohe Botschaft. Später predigt Markus in Alexandria.

Ein Junge mit Namen Markus erlebte öfters, daß Leute in ihr Haus in Jerusalem kamen, die sich über einen gewissen Jesus unterhielten und zusammen beteten. Öfter aßen sie auch zusammen. Markus' Mutter erklärte dem Jungen, dies seien Christen. Unter den Besuchern war ein Mann namens Petrus.

Als Markus älter wurde, nahm auch er den neuen Glauben an. Um bei der Ausbreitung der Botschaft Jesu mitzuhelfen, begleitete er Paulus und Barnabas auf Missionsreisen. Die Apostelgeschichte berichtet, er habe sich nach einiger Zeit wieder von ihnen getrennt.

Es heißt, er sei dann in Rom aufgetaucht und der Gehilfe des Petrus geworden, der sich zu der Zeit in Rom aufhielt.

Petrus erzählte ihm viel von Jesus, und er konnte viel erzählen, denn er war von Anfang an dabei gewesen, als Jesus in der Öffentlichkeit auftrat. Als Petrus starb, beschloß Markus, einen Gesamtbericht über das Leben Jesu zu schreiben.

Er nannte diesen Bericht „Evangelium von Jesus Christus.“ Markus ist der erste, der dieses Wort im Zusammenhang mit Jesus gebraucht. „Evangelium“ bedeutet soviel wie „Gute Nachricht“, „Frohe Botschaft“. Er will damit ausdrücken, daß die Kunde von Jesus alle Menschen froh machen kann.

Markus hat sein Evangelium wohl kurz vor 70 nach Christi Geburt geschrieben. Es ist das älteste Evangelium, das wir kennen. Etwas später schreiben andere Männer dann noch drei weitere Evangelien: das Matthäus-, das Lukas- und das Johannesevangelium. Auch sie berichten über Jesus.
Es wird vermutet, daß Markus dann in der ägyptischen Hafenstadt Alexandria gepredigt und getauft hat. Alexandria war zu dieser Zeit nach Rom die bedeutendste Stadt im römischen Weltreich. Der griechische Herrscher Alexander der Große hatte die Stadt 332 vor Christi Geburt gegründet. Hierher waren auch viele Juden gezogen. Vom 3. bis ins 2. vorchristliche Jahrhundert hinein übersetzten jüdische Gelehrte hier die heiligen Schriften der Juden, das Alte Testament, ins Griechische. Dies war wichtig, denn das Griechische war damals die Sprache, die beinahe überall verstanden wurde. Zudem war Alexandria ein wichtiger Handelsplatz, wo sich Menschen aus vielen Ländern trafen. Hier konnte ein Missionar das Evangelium Jesu also Leuten aus der ganzen Welt predigen, und die es hörten und annahmen, trugen es in ihre Heimatländer. In Alexandria entstand eine Schule, in der auch Missionshelfer ausgebildet wurden. Diese drangen dann vermutlich weiter in die umliegenden afrikanischen Länder vor. Genaues wissen wir darüber nicht.

41 Johannes überlebt
die anderen Apostel
und wirkt im Alter
in Ephesus.
Um das Jahr 100
entsteht
das Johannesevangelium.
Es betont, daß Jesus
wirklich der Sohn Gottes ist
und daß die Menschen
gut zueinander sein
und sich gegenseitig
helfen sollen.

Im vierten und letzten Evangelium, dem Johannesevangelium, ist von einem Jünger mit Namen Johannes die Rede. Beim letzten Abendmahl sitzt er an Jesu Seite, bei der Kreuzigung sagt Jesus zu seiner Mutter, sie solle mit Johannes gehen, er werde für sie sorgen wie ein Sohn. Diesen Johannes scheint Jesus besonders liebgehabt zu haben. Johannes hat alle anderen Apostel überlebt. Er soll erst nach dem Jahr 100 in Ephesus an der Westküste der heutigen Türkei gestorben sein. Es ist nicht ausgeschlossen, daß Johannes nach der Zerstörung Jerusalems nach Ephesus gegangen ist, um hier die Missionsarbeit des Paulus fortzusetzen.

Um das Jahr 90 lebte kein anderer Apostel mehr. Deshalb könnte man sich durchaus denken, daß die Leute diesen letzten Augenzeugen des Lebens, des Todes und der Auferstehung Jesu, Johannes, drängten, ihnen von Jesus zu erzählen. Um das Jahr 100 entstand das Johannesevangelium. Heute nehmen jedoch viele Gelehrte an, daß dieses Evangelium nicht von Johannes, sondern von einem seiner Schüler geschrieben wurde. Wer es geschrieben hat, ist letztlich nicht so wichtig. Entscheidend ist, daß die Erfahrungen und der Geist des Apostels Johannes darin ausgedrückt sind.

Das Johannesevangelium will nicht so sehr außergewöhnliche Ereignisse erzählen, es will vor allem darüber berichten, was Jesus gesagt und gewollt hat, und der Verfasser des Johannesevangeliums macht sich besonders Gedanken darüber, wer Jesus wirklich war und was ihm wohl als das Wichtigste erschienen ist. Er betont immer wieder, daß Jesus der Sohn Gottes ist und daß das Größte, das Jesus den Menschen gebracht hat, die Liebe ist: Verständnis für den anderen, Güte, Hilfe. Durch dieses Evangelium zieht sich wie ein roter Faden dieser Satz: „Liebt einander!“

42 Zwischen 81 und 96
werden die Christen
erneut verfolgt.
Johannes flieht
auf die Insel Patmos.
Damals entsteht die
Offenbarung des Johannes.
Mit dieser Schrift
will der Verfasser
den bedrängten Christen
Mut machen, durchzuhalten.

Damals breitete sich eine Lehre aus, die Gnosis heißt. Gnosis bedeutet Erkenntnis. Die Anhänger dieser Lehre, die Gnostiker, sagen: „Die Welt ist böse. Sie hat kein guter Gott gemacht. Sie muß von einem bösen Geist erschaffen worden sein, von einem Oberteufel. Aber es gibt einen guten Gott. Nur ist er sehr weit weg. Man kann nur zu ihm kommen, wenn man sich nicht vergnügt und sich nicht darum kümmert, was die Leute so alles treiben. Man muß ganz zurückgezogen leben, nachdenken, alles um einen herum vergessen."
Die meisten Menschen sind aber dazu nicht in der Lage. Deshalb sagt Johannes: „Die Welt ist nicht von einem Teufel erschaffen worden, sondern von einem gütigen Gott. Sicher gibt es viel Böses auf der Welt, aber auch viel Schönes. Und damit die Welt noch besser und schöner wird, müssen wir Menschen einander lieben."
Der römische Kaiser Domitian, der von 81 bis 96 regierte, war besonders grausam gegen die Christen. Er nannte sich „Herr und Gott" und verlangte, daß man ihn wie einen Gott verehrte. Dies lehnten die Christen ab. Deshalb gingen die Römer rücksichtslos gegen sie vor, auch in Ephesus, wo Johannes sich aufhielt. Er wurde auf die kleine Insel Patmos verbannt, die nicht allzu weit von Ephesus liegt. Dort entsteht die Offenbarung des Johannes. Dieses Buch will den bedrängten Christen Mut zum Durchhalten

machen. Es wird gezeigt, wie schreckliche Gestalten und Mächte aufsteigen, um die Kirche Jesu zu zerstören. Besonders eindrucksvoll ist das Bild von der Frau, die von einem fürchterlichen Drachen angegriffen wird. Die Frau steht für die Kirche Jesu. So wie der Drache der Frau nichts anhaben kann, so können auch die Feinde der Kirche nicht siegreich sein. Jesus kommt seinen Getreuen zu Hilfe, er überwindet alle Feinde, er vollendet das Gottesreich.

Dieses Gottesreich nennt der Verfasser der Offenbarung das neue Jerusalem. Wie sieht nun dieses neue Jerusalem aus?

Ähnlich wie in einem Traum sieht der Verfasser in die Zukunft: „Ich sah einen neuen Himmel und eine neue Erde. Der frühere Himmel und die frühere Erde waren vergangen, und das Meer war nicht mehr da. Und ich sah die heilige Stadt, das neue Jerusalem, herabkommen aus dem Himmel wie eine Braut, die zur Hochzeitsfeier geht. Und ich hörte eine starke Stimme von oben, welche sprach: ‚Seht das Haus Gottes bei den Menschen. Gott selbst wird mitten unter ihnen wohnen, und sie werden sein Volk sein. Er wischt alle Tränen aus ihren Augen, niemand braucht mehr zu leiden und zu sterben.' Und Gott macht alles neu." Denen, die viel Schlimmes erleiden mußten, ruft er zu: „Wer durchgehalten hat, zu dem will ich wie ein Vater sein."

43 Ob die Christen verfolgt werden oder nicht, hängt bis etwa 250 wesentlich davon ab, in welcher römischen Provinz sie leben. Der Statthalter Plinius fragt Kaiser Trajan in einem Brief, was er mit den Christen machen soll.

Wir sehen auf dem Bild, wie römische Bürger in Bithynien, im Nordwesten der heutigen Türkei, den Göttern, auch dem Bild des Kaisers, Wein und Weihrauch opfern. Sie sollen damit zeigen, daß sie treue Diener des römischen Kaisers sind. Rechts oben steht der Vertreter des Kaisers in Bithynien, der Römer Plinius. Er macht kein fröhliches Gesicht, denn wieder einmal haben sich ein paar Christen geweigert, vor dem Kaiserbild zu opfern. Gleich werden seine Soldaten sie zu ihm heraufbringen. Was soll er dann mit ihnen machen? Läßt er sie laufen, sagen die anderen Bürger: „Die Christen haben Sonderrechte." Aber zugleich sagt sich Plinius: „Eigentlich haben die Römer nie jemanden bestraft, nur weil er einen anderen Glauben hat. So sind wir auch erst dann gegen die Juden vorgegangen, als sie unsere Soldaten angegriffen haben."

Mehrmals hat Plinius Christen selbst verhört. Sie haben gesagt, ihr ganzes Verbrechen habe darin bestanden, daß sie sich getroffen und Jesus ein Lied gesungen hätten. Bei derselben Gelegenheit hätten sie sich verpflichtet, nicht zu stehlen, niemanden zu betrügen und auch dem Ehepartner treu zu bleiben. Sie seien dann noch häufiger zusammengekommen und hätten dabei zusammen gegessen: lauter gewöhnliche und anständige Speisen.

Nun kommen immer mehr Leute zu Plinius und zeigen Christen an. Bisher hat er die Christen vor sich bringen lassen und sie gefragt, ob sie Christen seien. Wenn sie ja sagten, wurden sie gefragt, ob sie Christen bleiben wollten. Sagten sie wieder ja, hat er sie hinrichten lassen. Sagten sie aber, sie woll-

ten keine Christen mehr sein, dann mußten sie vor dem Kaiserbild opfern und Jesus beschimpfen, danach ließ man sie frei. Zwei Diakonissinnen hat Plinius foltern lassen, weil sie nichts sagen wollten.

Nun weiß er nicht genau, ob er so richtig handelt. Er hat gehört, daß die anderen römischen Statthalter mit den Christen verfahren, wie sie es für richtig halten. Plinius möchte nun wissen, was Kaiser Trajan in Rom dazu sagt, und er schreibt ihm einen Brief.

Kaiser Trajan antwortet ihm: Er soll nicht nach Christen suchen. Wer einen Christen anzeigt, muß seinen eigenen Namen nennen. Heimliche Anzeigen sind nicht entgegenzunehmen. Christen, die vor dem Kaiserbild opfern, sollen freigelassen werden, Christen, die dieses Opfer verweigern, sind zu bestrafen, dies bedeutet: hinzurichten.

Wir sehen also wieder einmal, daß der römische Staat nicht so recht weiß, was er mit den Christen machen soll. Der Brief des Kaisers Trajan zeigt, daß man zunächst nicht daran denkt, alle Christen auszurotten. Wenn es dennoch immer wieder zu örtlich begrenzten Christenverfolgungen kommt, liegt das häufig an den Volksmassen. Wenn diese in schlechter Stimmung sind, suchen sie jemanden, an dem sie ihre Wut auslassen können. Ihr Opfer sind dann die Christen.

44 Das römische Reich wächst nicht mehr weiter. Angriffe fremder Völker und innere Schwierigkeiten nehmen zu. Die enttäuschten Volksmassen lassen ihre Wut an den Christen aus. Das Weltreich wird noch einmal neu geordnet.

Das römische Riesenreich hatte zunehmend mit Schwierigkeiten zu kämpfen.
In Rom wurden Generäle zum Kaiser ernannt, denn man meinte, man könne den Staat nur noch mit Waffen retten. Wenn nun ein General Kaiser geworden war, dann waren andere Generäle neidisch und wollten auf den Thron. Nicht selten wurden Kaiser ermordet, und kein Kaiser hielt sich sehr lange auf dem Thron. So wurden beispielsweise in 35 Jahren 37 Männer zu Kaisern ausgerufen. Fremde Völker, so die Markomannen, die Goten, die Skythen und die Perser, nutzten die ständigen Machtkämpfe in Rom aus und fielen in römische Provinzen an den Rändern des Reiches ein. Weil keine Ordnung mehr im Innern herrschte, wurden auch die wirtschaftlichen Schwierigkeiten größer. Wegen der ständigen Kriege brauchten die Kaiser immer mehr Geld. Und weil die Bauern zu hohe Steuern zahlen mußten, hatten sie nicht mehr Geld genug, um die Bewässerungs- und Entwässerungskanäle instand zu halten. Die Kanäle füllten sich mit Schlamm. Die Felder versumpften, und es konnte nicht mehr genügend Getreide angebaut werden. Hinzu kam, daß sich in den Sumpfgebieten Krankheitserreger bildeten. Die Malaria forderte viele Opfer. Reiche Bauern zogen in die Stadt und ließen ihre Höfe und Felder verkommen. Die Preise für Lebensmittel stiegen, die Löhne blieben niedrig. So kam es zu Kämpfen zwischen den Besitzenden und den Habenichtsen. Die Provinzen nahmen nicht mehr so viele Waren wie vorher ab, die Seewege wurden immer unsiche-

rer, denn die römischen Soldaten zeigten, weil sie nur geringen Sold bekamen, immer weniger Lust, gegen Seeräuber vorzugehen. Es gab immer weniger Edelmetalle, und das wenige Gold wurde von Goldschmieden zu Schmuck für wenige Reiche verarbeitet.

Mit immer größerem Neid und immer größerer Wut schauten die heruntergekommenen Volksmassen auf die Christen. Diese gingen weiter ordentlich ihrer Arbeit nach, blieben ruhig und freundlich. Man nannte sie ein duckmäuserisches, lichtscheues Gesindel, das sich alles gefallen ließ, und so blieb es nicht aus, daß man sich auf sie stürzte, nur um jemanden zu haben, auf den man all seine Enttäuschung und all seinen Zorn entladen konnte. Die Lage war gespannt. 297 unternimmt Kaiser Diokletian noch einmal eine gewaltige Anstrengung, um das zerfallende Reich zusammenzuhalten. Alle römischen Staatsbürger sind Untertanen des Gottkaisers. Das Reich wird in 12 Verwaltungsbezirke (Diözesen) und 101 Provinzen eingeteilt. Die Vorsteher der Diözesen heißen Vikare.

Was der Kaiser nicht ahnen kann, ist dies: Er zeigt mit dieser Neuordnung des Reiches den Christen einen Weg, wie sie ihrer immer noch jungen Kirche eine festere Form geben können. Und es ist nicht wenig, was die Kirche vom römischen Staat übernimmt, wie wir noch sehen werden.

45 Im Jahr 97 schickt die römische Gemeinde einen Brief nach Korinth, um einen Streit zu schlichten. Man nennt ihn Klemensbrief.

Kurz vor dem Jahr 100 kam es in der christlichen Gemeinde von Korinth zu einem Streit zwischen jüngeren und älteren Christen. Die jüngeren waren mit den Gemeindevorstehern, den Presbytern oder Ältesten, unzufrieden und setzten sie ab.

Da meldet sich die römische Christengemeinde zu Wort. Sie soll ihren Vorsteher, Klemens, beauftragt haben, einen Brief an die Gemeinde in Korinth zu schreiben. In diesem sogenannten Klemensbrief werden die Christen in Korinth aufgefordert, die Ältesten wieder in ihr Amt einzusetzen und ihnen gehorsam zu sein.

Dieser Brief zeigt zweierlei. Erstens wird hier deutlich, daß sich in der Gemeinde gewisse Rangstufen herausgebildet haben. Zunächst waren die Apostel die Leiter der Gemeinden. Durch Handauflegen ernannten sie Vorsteher in neuen Gemeinden. Der Vorsteher hieß ursprünglich Episkopos, das heißt Aufseher. Daraus wurde dann das Wort „Bischof". Dem Bischof stehen als Helfer Priester und Diakone zur Seite.

Im Klemensbrief wird nachdrücklich gefordert, diese Rangordnung zu achten. Die einfachen Gemeindemitglieder, die Laien, sollen den Vorstehern der Gemeinde, dem Klerus, gehorchen, und beim Klerus sollen die Priester und Diakone den Bischöfen gegenüber gehorsam sein. Das ist eine Ordnung, wie wir sie auch im römischen Staat finden. Das Volk gehorcht dem Statthalter, dem Vertreter des Kaisers in den Provinzen, und die Statthalter gehorchen dem Kaiser.

Zweitens ist am Klemensbrief interessant, daß hier erstmalig die römische Gemeinde anderen Gemeinden einen Rat erteilt. Es

sieht so aus, als fühle sich die Gemeinde in Rom als die Führerin der anderen Gemeinden. Sie begründet dies damit, daß Petrus hier gewirkt hat, und zu Petrus hat Jesus gesagt, daß er ihn zum Grundstein der Kirche machen wolle. Man könnte also sagen, Petrus sei der erste Bischof von Rom und wegen seiner Auserwählung als Grundstein der Kirche zugleich auch der Vater, das heißt: der Papst der ganzen Kirche.
Das rechte Bild oben zeigt, wie der Bischof von Rom durch Handauflegung das Hirtenamt an den nächsten römischen Bischof weitergibt. So soll Klemens der dritte Nachfolger des Petrus sein.
Genau wie im römischen Staat der oberste Herr in Rom sitzt, genauso betrachten sich die Bischöfe von Rom schon früh als die Führer der Kirche.
Nun sollte man nicht sagen, dies hätten sie nur aus Lust am Herrschen getan. Die Kirche wurde immer größer, die anfängliche Begeisterung ließ bei vielen Christen nach, Meinungsverschiedenheiten kamen auf, und so brauchte die Kirche einen festeren Rahmen. Die einzelnen Gemeinden waren in Zukunft nicht mehr so selbständig, und man suchte nach mehr Übereinstimmung.
Die Missionierung wurde mehr und mehr von den Bischöfen übernommen. Man gründete Pfarrgemeinden entlang den römischen Heerstraßen und Handelswegen, und die Bischöfe, Priester und Diakone missionierten das Gebiet um diese festen Bischofssitze oder Pfarrkirchen herum. Wenn die Missionare in einem Missionsgebiet blieben, wurden sie von den Gläubigen bald als Einheimische angesehen.

46 Ignatius von Antiochia warnt die Gemeinden vor falschen Lehren und gibt der Feier der Eucharistie eine festere Form. Er feiert sie mit der Gemeinde.

Einer der kraftvollsten Bischöfe nach dem Tod der Apostel war Ignatius. Vielleicht hat er den einen oder den anderen Apostel noch persönlich gekannt. Er kam aus Syrien, war vermutlich ein Sklave und wurde der dritte Bischof von Antiochia. Dort hatte er es nicht einfach, denn noch immer gab es Spannungen zwischen den Christen, die vor der christlichen Taufe Juden, und denen, die davor Heiden gewesen waren. Auch mußte er sich immer wieder mit Anhängern der Gnosis auseinandersetzen, die sagten, die Welt sei böse, und nur durch Nachdenken in größter Zurückgezogenheit könne man zu dem unendlich weitentfernten Gott gelangen. Auch wurden hier während der Regierungszeit des Domitian die Christen heftig verfolgt, weil vor allem die getauften Juden, die man auch Judenchristen nannte, sich immer wieder gegen die Römer auflehnten. Bis Ignatius dann später selber angezeigt und von den Römern verhaftet wurde, konnte er noch vieles tun, was der Kirche den Weg in die Zukunft erleichterte und ihr Kraft und Mut gab.

Er machte die Eucharistiefeier, das Herrenmahl, zum Mittelpunkt christlichen Gemeindelebens. Er gibt sich nicht damit zufrieden, daß die Christen sich einmal hier, einmal dort zum gemeinsamen Mahl treffen und irgendeiner das Brot bricht. Er macht das Herrenmahl zu einer Feier, die nach Möglichkeit an einem festen Ort stattfinden soll, „innerhalb des Altarraums“, wie er sagt. Die Christen beginnen, sich zur Eucharistiefeier und zum Gebet in festgelegten Räumen zu treffen. Der Bischof oder der Priester feiert mit seiner Gemeinde die Eucharistie. Er bricht das Brot und spricht über Brot und Wein das Dankgebet. Diakone teilen dann Brot und Wein unter den Gläubigen aus. Vor dem Brotbrechen, dem eigentlichen Herrenmahl, werden Stellen aus dem Alten Testament, aus den Evangelien und aus Apostelbriefen vorgelesen, und es gibt gelegentlich auch schon Predigten.

Was will Ignatius damit erreichen?

Ignatius will die Christen zu einer einzigen großen Gemeinschaft zusammenschließen. Sie sollen sich in der Kirche zu Hause fühlen wie eine große Familie in einem Haus. Ignatius gebraucht als erster das Wort „katholisch“, wenn er von der Kirche Jesu spricht. Katholisch heißt: alle umfassend. Die Gemeinschaft der Christen wird dem einzelnen dann am meisten Wärme und Sicherheit geben, wenn sich alle mit ihrem Bischof oder Priester gemeinsam zum Gebet und zur Eucharistiefeier versammeln.

Und wenn sie aus der heiligen Schrift lesen und die Predigt hören, werden sie am ehesten davor bewahrt, allerlei anderen Lehrern, beispielsweise den Gnostikern, zu folgen.

47 Ignatius von Antiochia wird verhaftet und nach Rom gebracht, wo er in einem Stadion von wilden Tieren zerrissen wird. Auf dem Weg nach Rom kann er noch vielen Christen Rat geben und Trost spenden.

Vermutlich zwischen 110 und 115 wird Ignatius angezeigt, und die Römer verhaften ihn, weil er Christ ist. Schwer gefesselt wird er auf ein Schiff gebracht, das ihn nach Rom bringen soll, wo er in einem Riesenstadion zur Belustigung der Leute wilden Tieren vorgeworfen wird.
Aus Gründen, die wir nicht kennen, segelt das Schiff nicht geradewegs nach Rom, sondern an der westtürkischen Küste vorbei. In Smyrna gehen sie für längere Zeit vor Anker. Das ist für Ignatius eine willkommene Gelegenheit, mit den dortigen Christen zu sprechen, die in den Hafen gekommen sind, um ihn zu begrüßen. An ihrer Spitze kommt Bischof Polykarp, der sich lange mit seinem

Amtsbruder unterhält. Auch andere Gemeinden, so beispielsweise Tralles, Ephesus und Magnesia, schicken Gruppen, die Ignatius begrüßen und mit ihm sprechen. Nachdem sie wieder in ihre Heimatstädte zurückgekehrt sind, schreibt Ignatius ihnen Briefe, in denen er für die Begrüßung dankt und sie ermahnt, im Glauben an Jesus Christus und seine Frohbotschaft festzubleiben.
Er schickt auch einen Brief an die Gemeinde in Rom. Darin lesen wir, daß es ihm auf der langen Seereise nicht gut ergeht. Er sagt, er komme sich vor wie ein Tier, das man rauh behandelt. Die Soldaten, an die er gekettet ist, nennt er „Leoparden".
Aber er beklagt sich nicht. Im Gegenteil. Er freut sich darauf, für seinen Glauben sterben zu dürfen, und er bittet die Gemeinde in Rom, nur ja nichts zu unternehmen, um ihn freizubekommen. Er will „fort, hin zum Vater". Er möchte diese Gelegenheit, zu Gott zu gelangen, nicht verlieren. Sein Wunsch ist, „unterzugehen von der Welt fort" und „in Gott aufzuerstehen".
Er denkt jedoch dabei nicht nur an sich. Immer wieder betont er in seinen Briefen, daß er sein Leben als „Opfer" und „Lösegeld" für die anderen hingibt. Wie Jesus will er für die ihm anvertraute Herde sterben.
Aber Ignatius weiß, daß er ein schwacher Mensch ist. Deshalb bittet er seine Freunde, für ihn zu beten, daß er nicht versagt, wenn sie die wilden Tiere auf ihn hetzen. Kein Schmerz soll ihn von seinem Glauben an Jesus trennen können.
Er braucht nicht lange auf seinen Tod zu warten. Wilde Tiere zerreißen ihn. Freunde bringen die Leiche nach Antiochia. Sie wollen immer wieder an seinen Mut erinnert werden, aber auch an seine Bescheidenheit. Denn obwohl er für eine Stärkung des Bischofsamtes war, hat er sich immer nur als ein Diener der anderen betrachtet, und die Diakone, die ihn nach Rom begleiten, nennt er seine „Mitknechte".
Eine Stelle aus seinem Brief an die römische Gemeinde ist besonders wichtig für den zukünftigen Weg der Kirche. Ignatius sagt, die römische Gemeinde sei die Lehrerin aller anderen Gemeinden, aber auch in der Liebe haben sie eine Vorrangstellung.

48 Ignatius betont immer wieder, daß die Christen Verbindung untereinander suchen und halten sollen. Eine Möglichkeit ist, daß sie Briefe schreiben oder weitergeben. Doch sie dürfen dabei nicht an den Menschen vorübergehen, die nicht zur Gemeinde der Christen gehören.

Auf *ein* Wort hat Ignatius von Antiochia immer wieder den Ton gelegt: Einheit, Einigkeit. So sagt er einmal: „Bemüht euch immer, an *einer* Eucharistie teilzunehmen, erfindet keine neuen Opferfeiern. Denn es gibt nur *ein* Fleisch unseres Herrn Jesus Christus und nur *einen* Kelch zur Einigung in seinem Blut."

Das ist nicht leicht. Die Christengemeinden liegen oft sehr weit auseinander. Zu jener Zeit gibt es keine Post, kein Telefon. Also müssen sie die Briefe und die mündlichen Botschaften selber zum Empfänger bringen. Stellen wir uns einen jungen Mann vor, der einen Brief des Ignatius von einer Gemeinde zur anderen bringt.

Natürlich hat er es eilig, zur nächsten Gemeinde zu kommen. Dort erwartet ihn ein gutes Essen, und obwohl er die Leute nicht kennt, werden sie ihn sofort wie einen alten Freund aufnehmen, denn richtige Christen sind gute Freunde. Und natürlich macht es unserem Boten Freude zu sehen, wie die Leute glücklich über die Botschaft des Bischofs sind.

Soll er sich nun auf dem Weg aufhalten lassen oder immer weiterlaufen, bis er bei der nächsten Christengemeinde ist?

Da steht beispielsweise eine Frau, der ist beim Hinaufheben auf einen Eselskarren ein großer Tonkrug entzweigegangen. Sie weint. Soll der Bote vorbeigehen? Er überlegt einen Augenblick. Dann fragt er die Frau, warum sie so laut weine, schließlich

könne so etwas jedem einmal passieren. Die Frau schluchzt, wenn ihr Mann gleich komme und die Scherben sehe, werde er sie schlagen. Der Bote wartet, bis der Mann kommt. Als dieser fragt, wer den Krug zerbrochen habe, weint die Frau noch heftiger. Da sagt der Bote, er sei es gewesen. Der wütende Mann schlägt ihn. Doch der Bote ist deshalb nicht unglücklich. Ein Christ darf nicht einfach vorbeilaufen, wenn er jemanden weinen sieht. Er muß beweisen, daß es ihm Ernst ist mit der Liebe, wie Jesus sie von uns fordert. Und er darf nicht nur seine Glaubensgenossen lieben. Er muß mit jedem Menschen Mitleid haben, wo immer er ihm begegnet.

Oder unser Bote kommt abends an einem Haus vorbei, vor dem ein Mann steht. Ob er hier jemandem auflauert? Nein, der Mann sieht eher bekümmert aus. Soll der Bote einfach weitergehen? Nein. Er bleibt stehen und fragt den Mann, warum er hier so traurig stehe. Der Mann antwortet, der Bauer in diesem Haus habe seiner Frau am Morgen zuwenig Geld zurückgegeben. Nun überlege er, ob er das Geld fordern oder einfach darauf verzichten solle. Der Bote sagt, es sei falsch, stille zu sein und ohne das Geld nach Hause zu gehen, und er geht mit dem Mann hinein, um ihm zu helfen. Das ist genauso wichtig wie sein Brief.

49 Zwischen den einzelnen Gemeinden gibt es Verbindungen. Freudige und traurige Nachrichten gehen hin und her. Man hilft sich gegenseitig mit Spenden, Gebeten, guten Gedanken und einem freundlichen Wort.

Auf seinem Weg erfährt der Bote Freudiges und Trauriges. Eine Gemeinde ist bisher von allen Verfolgungen verschont geblieben, in einer anderen haben römische Soldaten Christen abgeholt, die von anderen angezeigt wurden. Darunter ist auch der Vater von drei kleinen Kindern. Jetzt, da kein Geld mehr hereinkommt, fürchtet die Mutter, daß sie bald nichts mehr zu essen haben. Doch die anderen Christen sagen ihr, sie würden ihr helfen. Sie teilen alles, was sie haben. Dann werden weitere Männer abgeholt, und immer mehr Frauen und Kinder haben niemanden, der für sie das nötige Geld verdient. Die anderen Familien geben, was sie können. Viel haben sie selber nicht. Der Bote erzählt das in der nächsten Gemeinde. Die Leute dort freuen sich und sind traurig zugleich. Sie freuen sich, daß die Männer treu zu Jesus und zu ihrem Glauben gehalten haben, und sie sind traurig, daß die Frauen ihre Männer und die Kinder ihre Väter verloren haben. Sie sagen dem Boten, auf dem Rückweg solle er noch einmal hier vorbeikommen. Sie würden ihm dann etwas für die armen Frauen und Kinder mitgeben. Sobald der Bote gegangen ist, versammeln sie sich und überlegen, wie sie den in Not Geratenen helfen können. Sie sammeln Geld, Kleidungsstücke und Lebensmittel, und sie beten gemeinsam, daß Gott allen verfolgten Christen Kraft und Trost gibt.
In der nächsten Gemeinde sind die Christen bekümmert, obwohl die römischen Soldaten, die gestern hier waren, niemanden mitgenommen haben.
„Was habt ihr?“ fragt der Bote.
Eine Frau antwortet: „Die Soldaten fragen einen Christen in unserem Dorf, ob er zu Jesus halte. Jemand habe behauptet, er sei Christ. ‚Was?‘ sagt der Mann, ‚ich soll ein Christ sein? Hier habt ihr einen Zettel, auf den habe ich geschrieben, daß ich immer vor dem Bild des Kaisers mein Opfer dargebracht habe. Unterschreibt mir das, damit ich es vorzeigen kann, wenn noch einmal Soldaten kommen.‘ Einer der Soldaten hat ihm den Zettel unterschrieben, dann sind sie gegangen.“
Der Bote macht sich wieder auf den Weg zu einer anderen Gemeinde. Dort erzählt er die freudigen und die traurigen Ereignisse. Auch hier wollen sie für die armen Frauen und Kinder sammeln, die ihre Männer und ihre Väter verloren haben. Es kommt so viel zusammen, daß der Bote das alles unmöglich tragen kann. Deshalb laden sie die Sachen auf einen Eselsrücken, und der Bote macht sich auf den Heimweg. In den anderen Dörfern werden weitere Sachen dazugeladen, und so kann er die Frauen und Kinder mit dem Notwendigsten versorgen.

50 Der Bischof von Smyrna,
Polykarp,
bemüht sich darum,
daß sich die Christen
nicht zersplittern.
Im Jahr 155 stirbt er
für seinen Glauben.
Er macht großen Eindruck
auf seinen Schüler
Irenäus.

Wir erinnern uns, daß Ignatius von Antiochia in der westtürkischen Hafenstadt Smyrna besonders herzlich von dem dortigen Bischof Polykarp begrüßt wurde, und Ignatius schrieb ihm in einem Dankbrief, daß er an ihm am meisten seine Festigkeit bewundere.
Vermutlich hat er Johannes und andere Apostel noch persönlich gekannt, deshalb achtete er darauf, daß nichts daran geändert wurde, was die Apostel von Jesus und seiner Botschaft sagten.
Auch in seiner eigenen Gemeinde hatte er Christen, die beispielsweise behaupteten, Jesus habe gar keinen richtigen Leib, sondern nur einen Scheinleib gehabt. Andere meinten, der Bischof habe zuviel Macht. Er solle nur der Aufseher der Gemeinde sein, das Predigen und die Feier der Eucharistie solle er anderen überlassen.
Er tat alles, um diese eigensinnigen Christen davon zu überzeugen, daß sich nicht jeder seinen eigenen Glauben zurechtmachen kann. Den umliegenden Gemeinden schrieb er Briefe, um sie vor einer ähnlichen Zersplitterung zu warnen. In einem Schreiben an die Gemeinde in Philippi gebraucht er als erster das Wort „Martyrium". Er sagt, daß ein Christ dazu bereit sein müsse, seine Festigkeit im Glauben dadurch zu beweisen, daß er sich für diesen Glauben töten läßt, genauso wie Jesus dem Tod am Kreuz nicht ausgewichen ist.
Als er diesen Brief schreibt, ahnt er noch nicht, daß er bald selbst ein Märtyrer, das heißt ein Blutzeuge für Jesus, sein wird. Bei der Rückkehr von einer Romreise wird er festgenommen. Ein Sklave hat verraten, wo sie ihn finden können. Er betet gerade, als die Soldaten kommen. Er gibt ihnen zu essen und zu trinken und spricht freundlich mit ihnen. Während sie essen, betet er für alle Christen, für die kleinen und die großen Leute. Die Soldaten lassen den über 80 Jahre alten Mann auf einem Esel reiten. Ein hoher Offizier holt ihn in seine Kutsche und sagt ihm, er solle seinen Glauben an Jesus aufgeben. Polykarp weigert sich, und wütend wirft der Offizier ihn aus der Kutsche. Im Stadion wird er vor einer großen Menschenmenge verhört. Er soll Jesus beschimpfen. Polykarp bleibt fest. Da tobt die Masse: „Er verachtet unsere Götter. Werft ihn den Löwen vor!" Da die Tierhetzen aber schon beendet sind, muß man ihn auf eine andere Weise töten. Sie binden ihn an einen Pfahl, um ihn bei lebendigem Leib zu verbrennen. Sterbend dankt er Gott in einem Gebet dafür, daß er als Märtyrer sein Leben hingeben darf. Sein Tod bestärkt viele Christen, im Glauben festzubleiben. Unter ihnen ist sein Schüler Irenäus.

51 Im Jahr 177 kommt es in südgallischen Gemeinden zu Schauprozessen gegen Christen. Mindestens 47 von ihnen werden bei einem Volksfest verhört und umgebracht, darunter Jugendliche.

Kaufleute aus Syrien zogen nach Lyon im Süden Galliens, des heutigen Frankreichs. Sie wollten dort Handelsstationen aufbauen. Sie nahmen ihren christlichen Glauben mit dorthin. Bald gab es in Lyon und in Vienne blühende christliche Gemeinden.
Als Mark Aurel römischer Kaiser war, versetzten Kriege, Krankheiten, Hunger und Überschwemmungen die Leute in große Furcht. Viele sagten: „Das kommt davon, daß die römischen Götter vernachlässigt oder gar verlacht werden. Jetzt rächen sich die Götter, indem sie uns all das Unglück schicken."
Wer opferte den römischen Göttern nicht? Die Christen. Also waren sie an all dem Unglück schuld! Der römische Kaiser ordnete an, alle „Sekten" daran zu hindern, weiter Unruhe zu stiften.
In Lyon und in Vienne ging die Bevölkerung mit allen Mitteln gegen die Christen vor. Wenn ein Christ sich auf der Straße sehen ließ, wurde er mit Steinen beworfen. Bischof Pothinos und andere Christen kamen ins Gefängnis. Den beinahe neunzigjährigen Bischof traten sie mit Füßen. Sie schlugen ihm ins Gesicht und bewarfen ihn dann noch mit Steinen. Er starb an den Verletzungen.
In Lyon wird gerade ein großes Volksfest gefeiert. Die Leute möchten, daß ihnen etwas geboten wird. So werden die gefangenen Christen ins überfüllte Stadion gebracht und vor der Menge verhört. Einige sagen, sie glaubten nicht mehr an Jesus. Sie werden sofort freigelassen. 47 oder 48 Christen bleiben ihrem Glauben treu. Ein Sklavenmädchen, Blandina, wird gefoltert. Dann steckt

man sie in einen Sack und wirft diesen auf die Hörner eines Stiers.

Ein angesehener Bürger von Lyon, Vettius Epagathus, der nicht Christ ist, steht auf und sagt, die Christen hätten eine solche Behandlung nicht verdient. Die Menge schreit ihn nieder, er wird festgenommen. Die Folterungen gehen weiter. Maturus ist eben erst getauft worden, aber er läßt sich ebensowenig von seinem Glauben abbringen wie der Arzt Alexander oder der erst fünfzehnjährige tapfere Ponticus. Die Menge ist begeistert.

Wie groß der Haß vieler Leute auf die Christen war, kann man auch an Kritzeleien sehen, die uns aus der damligen Zeit überliefert sind. Am Kreuz hängt beispielsweise ein Esel, nicht Jesus. Die zu ihm aufschauen, werden als „Eselsanbeter“ verspottet. Mit solchen Zeichnungen machten sich vor allem heidnische Schüler über christliche Kinder und Sklaven lustig. Um so erstaunlicher ist die große Zahl von Kindern und jungen Leuten, die als Zeugen für Jesus und seine Botschaft mutig in den Tod gegangen sind.

Aber es wurde von den Christen nicht nur gesagt, sie verehrten einen Esel. Man erzählte auch, bei der Eucharistiefeier tränken sie Menschenblut oder sie trieben Zauberei.

52 Actalus wird ein Schild mit der Aufschrift „Actalus ist Christ" vorangetragen. Danach bringt man ihn um. Die römischen Behörden sehen in der Kirche einen neuen Staat, der ihren Staat bedroht.

Wenn man jemandem ein Schild umhängt mit der Aufschrift: „Ich bete einen Esel an" und ihn dann zwingt, mit diesem Schild auf die Straße zu gehen, wo ihn viele Leute sehen, dann fügt man ihm wohl das Schlimmste zu, das man einem Menschen antun kann: man macht ihn lächerlich, gibt ihm dem Gelächter der Leute preis.
Das wußten die Folterknechte damals in Lyon sehr genau. Sie führten Actalus, einen bekannten Mann der Christengemeinde, gefesselt durch das Stadion und trugen ein Schild mit folgender Aufschrift vor ihm her: „Actalus ist Christ."
Die Leute jubelten, als Actalus zu dem Platz geführt wurde, wo er getötet werden sollte. Sie hatten sich für ihn eine besonders grausame Todesart ausgedacht. Unter einem eisernen Stuhl brannte ein starkes Feuer. Die Eisenstangen glühten schon. Gleich würde Actalus darauf braten.
Da erfährt der höchste römische Beamte am Ort, daß Actalus römischer Staatsbürger ist. Als solcher muß er vor ein ordentliches Gericht gestellt werden, genauso wie sie Paulus nach Rom brachten, um ihn dort einem römischen Richter vorzuführen.
Vor dem Gericht wiederholt Actalus, daß er Christ ist und Christ bleiben will. Der Richter sagt ihm, er brauche nur etwas Weihrauch vor einem Standbild des Kaisers abzubrennen, dann lasse man ihn frei. Actalus bleibt standhaft und verbrennt auf dem glühenden Eisenstuhl.

Die Kaiser und viele hohe römische Beamte sahen mit wachsender Sorge, daß die Christen sich nicht mehr damit begnügten, ihre Gedanken zu verbreiten, sondern ihrer Kirche eine festere Form gaben. Die Dreiteilung in Bischöfe, Priester und Diakone erinnerte die Römer stark an den Aufbau ihrer eigenen Verwaltung. Als dann die Christen immer mehr Rom als den Mittelpunkt der Kirche ansahen, hatten die Römer das Gefühl, sie wollten mit dem Papst in Rom so etwas wie einen zweiten Kaiser haben. Kurz: Die Römer glaubten, es bilde sich in ihrem Staat ein neuer Staat, der dem römischen Staat sehr ähnlich war. Nun konnte es aber auf demselben Reichsgebiet nicht zwei Staaten nebeneinander geben, und es konnten nicht zwei Staaten zugleich sagen, es gehe ihnen darum, alle Menschen auf der ganzen Erde für sich zu gewinnen.

Also sahen die Römer in der Kirche immer mehr einen gut organisierten Staat, den es zu bekämpfen galt.

Was die römischen Behörden nicht sahen, war, daß die Kirche von den Römern sehr viel übernahm, wie etwa für den Kult das Abbrennen von Weihrauch und Kerzen, das Ewige Licht, den langgestreckten, viereckigen Gottesdienstraum, den Altar und auch Latein als Kirchensprache.

53 Viele heidnische Gelehrte und Dichter, beispielsweise Fronton, Lukianos und Celsus, machen sich über die Christen lustig und hetzen so den Kaiser und das Volk gegen die Anhänger Jesu auf. Ihre Wirkung ist groß.

Nicht nur die Volksmassen haben etwas gegen die Christen, auch viele Gelehrte und Dichter sind gegen den neuen Glauben. In zahlreichen Schriften greifen sie die Christen an. Ihre schärfste Waffe ist der Spott: sie verlachen die Anhänger Jesu, machen sich über sie lustig. Diese Gelehrten und Dichter schaden der jungen Kirche vielleicht mehr als die grausamste Verfolgung, denn die einfachen Leute sagen sich: „Wenn die Gebildeten nichts von Jesus und seiner Botschaft halten, dann brauchen wir auch nichts davon zu halten. Schließlich wissen es die Gelehrten und die Gebildeten besser als wir." Das Volk glaubt den Gelehrten und Dichtern.
Der Philosoph und Redner Fronton, der Lehrer des Kaisers Mark Aurel, hetzt vor den versammelten römischen Politikern gegen den christlichen Glauben, und so wundert es einen nicht, daß Kaiser Mark Aurel, an sich ein frommer Mann, später gegen die Christen vorgeht.
Ein anderer Gegner des Christentums ist der Dichter Lukianos von Samosata. Vor allem in Rom und in Frankreich hält er Vorträge und liest aus seinen Büchern vor. Aber er greift nicht nur den Gott der Christen an, auch von den Göttern der Griechen und der Römer hält er nichts. Auf die Frage, wie man leben solle, gibt Lukianos die Antwort: „Denke nicht über Gott nach und frage nicht, was nach dem Tod mit dir geschieht. Lebe so, daß du sagen kannst, du hättest was vom Leben gehabt. Vergnüge dich, so gut du kannst. Alles andere lohnt nicht."
Mit ihren Angriffen gegen die Christen wollen die Gelehrten und Dichter vor allem dem römischen Kaiser und dem römischen Staat in einer gefährlichen Lage helfen. Das zeigt sich besonders bei dem Gelehrten Celsus.
Celsus sagt: „Wir können das römische Reich nur retten, wenn wir an dem alten Götterglauben festhalten, und wir müssen den Kaiser als unseren obersten Herrn achten und verehren. Wer das nicht tut, er ist kein echter Römer, der will den Untergang Roms."
Wer ist nun gegen Krieg und Kriegsdienst? Wer predigt den Frieden? Wer weigert sich, dem römischen Kaiser zu opfern wie einem Gott? Die Christen.
Also bezeichnet Celsus die Christen vor allem als Feinde des Staates. Er studiert die heiligen Schriften der Christen sehr genau. Dann sagt er, diese heiligen Schriften seien Schwindel, und er behauptet, ein Mann, der am Kreuz gestorben sei, könne unmöglich Gottes Sohn sein. Der Sohn Gottes habe alle Macht, warum habe er sich dann töten lassen? Celsus macht sich auch darüber lustig, daß die Christen glauben, daß Jesus durch den Tod hindurchgegangen ist und so für alle Menschen das Leben wiedergewonnen hat.
Er wirft den christlichen Missionaren vor, daß sie sich vor allem an die ungebildeten, einfachen Leute wenden, an „Sklaven, Weiber und Kinder", weil diese alles glauben, was man ihnen sagt. Für Celsus ist das Christentum also eine Religion nur für die Dummen, und er mahnt die Römer: „Wenn ihr nicht wollt, daß man euch für dumm hält, dann kehrt den christlichen Missionaren den Rücken."

54 Gebildete unter den Christen wehren sich in zahlreichen Schriften gegen die Angriffe der heidnischen Gelehrten. Sie richten diese Schriften meistens an den Kaiser, um ihm klarzumachen, daß die Christen keine Gefahr für den römischen Staat sind. Einer der tatkräftigsten Verteidiger des Glaubens ist Justin.

Natürlich gab es auch unter den Christen der damaligen Zeit Gelehrte, und nicht wenige von ihnen verteidigten den Christenglauben in zahlreichen Schriften. Einer von ihnen ist Justin.

Er wird um das Jahr 100 in Sichem im heutigen Syrien geboren. Seine Eltern sind Heiden. Sie lassen Justin von den besten Lehrern unterrichten, und so lernt er die Gedanken der heidnischen Gelehrten kennen.

Er will herausfinden, welche Lehrer die besten Gedanken haben, und so geht er von einem zum anderen. Aber keiner von ihnen hat befriedigende Antworten auf die Fragen des wißbegierigen jungen Mannes.

Eines Tages geht Justin, in Gedanken versunken, am Meeresstrand spazieren. Dort trifft er einen alten Mann und fragt ihn, ob er nicht wisse, wo man die Wahrheit finden könne. „Wie soll ich leben?“ fragt er den alten Mann.

Der antwortet ihm: „Mir scheint, du hast Spaß an Reden, vom Handeln hältst du nicht viel. Aber gerade auf das Handeln kommt es an. Schöne Worte machen kann jeder.“

Dann weist er Justin auf die heiligen Schriften der Juden hin, in denen der Messias angekündigt wird. Er sagt: „Die Propheten Israels und der von ihnen verheißene Jesus sind die richtigen Lehrer.“

Justin hat das Gefühl, daß dies der richtige Weg ist, und er läßt sich taufen. Von demselben Augenblick an widmet er seine ganze Kraft der Verkündung und Verteidigung der Botschaft Jesu Christi.

Er wandert im Land umher und unterhält sich mit den Leuten. Da er viel weiß, kann er es auch mit den gelehrten Heiden aufnehmen, und manch einem Juden, der nichts von Jesus hält, kann er klarmachen, daß dieser der von Gott gesandte Retter aller Menschen ist.

Schließlich kommt er nach Rom. In zwei Apologien, das heißt Verteidigungsschriften, wendet er sich an den Kaiser und weist

ihn darauf hin, daß die Christen treue Bürger des römischen Staates sind und ihre Steuern pünktlicher als andere bezahlen. Er sagt auch, daß die Christen durch ihre Hilfstätigkeit dazu beitragen, daß der Friede unter den Bürgern bewahrt bleibt.

Dann weist er nach, daß die Anhänger Jesu bei der Taufe und beim Herrenmahl keine schlimmen Dinge treiben, wie immer wieder behauptet wird.

Er gründet in Rom auch eine christliche Schule, in der er vor allem Jugendliche aus vornehmen Familien mit der Botschaft Christi vertraut macht. Das ist wichtig, denn Justin möchte nicht, daß das Christentum eine Religion nur für einfache, ungebildete Leute bleibt. Wenn die Botschaft Jesu für alle Menschen ist, dann auch für die Gebildeten.

Natürlich hat er Feinde, und diese bringen es schließlich fertig, daß er im Jahr 166 mit einigen seiner Schüler verhaftet wird. Darunter ist auch eine Frau. Der Beamte, der sie verhört, fragt Justin: „Glaubst du, daß du nach deiner Hinrichtung in den Himmel kommst und dort für deine Treue zum Christenglauben belohnt wirst?" Justin antwortete: „Ich bin ganz sicher." Der Beamte fordert sie auf, vor einer Statue des Kaisers Weihrauch abzubrennen. Sie weigern sich. Man peitscht sie aus und schlägt ihnen dann die Köpfe ab.

55 Es gibt Christen,
die sich nicht an das
halten wollen,
was die Apostel
überliefert haben.
Sie verändern die Evangelien
und die Apostelgeschichte
oder schreiben neue,
geheime Evangelien
und Apostelgeschichten.

Etwa zu derselben Zeit wie Justin kommt ein junger Mann namens Markion nach Rom. Er stammt aus Sinope am Schwarzen Meer und besitzt viele Handelsschiffe. Deshalb ist er reich.
Zunächst glaubt die christliche Gemeinde in Rom, in Markion einen Freund und Missionar gewonnen zu haben, doch bald merken sie, daß er vieles von dem, was die Apostel gesagt haben und was in den heiligen Schriften steht, nicht anerkennt. Er will eine neue Kirche gründen. Da er reich ist, kann er im Jahr 146 tatsächlich Leute um sich sammeln, und er gibt eine heilige Schrift heraus, die nur aus dem Evangelium des Lukas und aus zehn Briefen des Paulus besteht. Die anderen heiligen Schriften läßt er nicht gelten. Seine Gedanken ähneln denen der Gnostiker, die wir schon kennengelernt haben.
Markion sagt: „Der Gott des Alten Testaments, also der Gott der Juden, ist nicht derselbe Gott, der Jesus Christus auf die Erde geschickt hat. Der Gott des Alten Testaments ist ein harter Gott, er hat Freude am Streit und an der Bestrafung. Nur weil Adam auf Eva gehört und den Apfel gegessen hat, nur weil Adam und Eva mehr wissen wollten, hat Jahwe die Menschheit mit Krankheit, Tod und vielem anderen Schrecklichen bestraft. Tut das ein Gott der Liebe?" „Nein", sagt Markion, und er fährt fort: „Der Gott des Alten Testaments hat den Menschen einen Körper gegeben, in dem sie wie in einem Gefängnis leben müssen; denn weil sie einen Körper haben, spüren sie allerlei böse Gelüste. Besser wäre es gewesen, Gott hätte die Menschen als reine Geister erschaffen.
Der Gott des Neuen Testaments, der Vater Jesu, ist ein anderer Gott. Er ist freundlich und will für die Menschen nur das Beste. Deshalb hat er Jesus unter die Menschen geschickt, um Liebe und Vergebung zu predigen." „Jesus", so sagt Markion, „hat keinen wirklichen Leib gehabt. Er ist nur in einem Scheinleib aufgetreten. So hat er den Menschen die Möglichkeit gebracht, dem Gefängnis der bösen Welt und des Körpers zu entfliehen und geistig wiederaufzuerstehen."
„Damit diese geistige Wiederauferstehung auch wirklich gelingt, muß man", so fordert Markion, „den Gott des Alten Testaments und die ganze jüdische Religion vergessen und alles lassen, wozu einen der Körper mit seinen schlimmen Wünschen zwingen möchte. Dies bedeutet: Man sollte nicht heiraten, nur das Allernötigste essen und trinken, ganz zurückgezogen leben und versuchen, so gut es geht, ein rein geistiges Wesen zu werden."
Die Gemeinde in Rom will, von einigen Christen abgesehen, von Markion nichts wissen. Unter denen, die ihn aus der Kirche treiben, ist auch Justin. Das Geld, das Markion der Gemeinde für die weitere Missionsarbeit geschenkt hat, bekommt er zurück, und es wird ihm untersagt, sich als ein Mitglied der Christengemeinde zu bezeichnen. Markion hat nicht sehr viele Christen für seine neue „Kirche" gewinnen können, aber er hat viele Leute verwirrt und unsicher gemacht in ihrem Glauben.

56 Zwischen 150 und 200 spalten sich viele Gruppen von der jungen Kirche ab. Vor allem Bischof Irenäus warnt vor den Folgen dieser unheilvollen Zersplitterung und ruft zur Einheit im Glauben auf.

Stellen wir uns vor, etwa um das Jahr 160 möchte ein Heide das Christentum näher kennenlernen. Vielleicht denkt er daran, selber Christ zu werden. Er schaut sich unter den Christen um. Was muß er da sehen?

Die einen hören auf Lehrer wie Markion, andere sagen: „Wir müssen an dem festhalten, was die Apostel uns von Jesus berichtet haben.“ Die Christen sind in viele kleine Gruppen aufgespalten, die sich nicht miteinander vertragen.

Wie viele Parteien und Sekten es in jenen Jahren gibt, kann man nicht genau angeben. Vielleicht waren es 20, vielleicht auch 80, vielleicht noch viel mehr.

Für welche Gruppe soll sich nun der Heide entscheiden, der Christ werden will? Er weiß es nicht, und weil er sieht, wie sich die Christen streiten, sagt er sich vielleicht: „Mit einer solchen Religion möchte ich nichts zu tun haben.“

Vor allem ein Mann sieht, daß es so nicht weitergeht: Irenäus. Wir haben schon gehört, daß er der Schüler des Bischofs Polykarp von Smyrna war. Dann war er in Lyon, um Bischof Pothinos bei der Missionsarbeit zu unterstützen. Er zog als Missionar durch das umliegende Land und predigte dem Volk der Kelten die Frohbotschaft Jesu Christi. Mehr als einmal vermittelte er zwischen verschiedenen christlichen Gruppen, die alle von sich behaupteten, sie verträten den einzig wahren Glauben.

Als die vielen seltsamen Lehren auch nach Frankreich eindringen, wo Irenäus Bischof ist, kommt ein Freund zu ihm und sagt:

„Warum schreibst du nicht ein Buch, um all die vielen Irrlehrer zum Schweigen zu bringen? Warum machst du nicht deutlich, daß nicht jeder Christ eine eigene Sekte gründen kann?"

Irenäus setzt sich hin und schreibt ein Buch. Er sagt darin, daß sich die Christen an das halten müssen, was die Apostel, die Freunde und engsten Mitarbeiter Jesu, von ihm wissen und von ihm berichtet haben. Es geht nicht, daß viele Christen von der Lehre der Apostel abweichen und sich ihre eigene Religion zurechtmachen wollen. Die Kirche muß „*ein* einziges Haus" bleiben, sie muß zeigen, daß sie „*eine* Seele" hat und „mit *einem* Mund spricht." Die Abspaltungen müssen endlich ein Ende haben, damit die Einheit der Kirche wiederhergestellt wird. Jesus Christus hat diese Einheit aller Menschen gewollt, er hat dafür gebetet.

„Wir müssen uns wieder unter einem einzigen Dach zusammenfinden!" mahnt Irenäus alle Christen. Er denkt dabei nicht nur an die Botschaft Jesu, die immer wieder Einheit und Frieden aller Menschen untereinander fordert. Irenäus denkt auch daran, daß eine in viele Grüppchen aufgespaltene Kirche sich nicht behaupten kann, wenn der römische Staat von neuem gegen die Christen vorgeht.

57 Um 150 gibt es viele Evangelien, Apostelbriefe und Apostelgeschichten. Das stiftet Verwirrung. Etwa um das Jahr 180 wird daher festgelegt, welche Schriften man als echt und von Gott offenbart anerkennen will.

Und wenn ein Heide zu derselben Zeit den einen oder anderen Christen gefragt hätte: „In welchen Schriften kann ich Genaues über euren Glauben erfahren?", so hätte man ihm sehr, sehr viele Texte genannt. Da gab es außer den Evangelien des Matthäus, des Markus, des Lukas und des Johannes etliche andere Evangelien, in denen vor allem die Kindheitsjahre Jesu und seine Auferstehung in vielen Einzelheiten geschildert wurden. Es gab eine ganze Reihe von Apostelgeschichten. In ihnen wurde das Leben und das Wirken eines jeden Apostels ausführlich dargestellt; ferner viele Briefe, die angeblich von Aposteln geschrieben waren, in Wirklichkeit aber von einzelnen Christen stammten, die darin ihre eigene Meinung zum Ausdruck bringen wollten. Ein Beispiel dafür ist der sogenannte Barnabas-Brief. Darin greift ein unbekannter Christ in heftiger Form den jüdischen Glauben an und zählt alle Haltungen auf, die seiner Meinung nach gut oder schlecht sind. Neben der Offenbarung des Johannes waren andere geheime Offenbarungen verbreitet, in denen die schrecklichen Tage vor der Wiederkunft Jesu Christi bunt und grell ausgemalt werden.

Beinahe jede Gruppe hatte ihre eigene Sammlung von heiligen Schriften. Neben diesen Schriften ließen sie keine anderen gelten. Welche Schriften anerkannt wurden, lag oft daran, wo man wohnte.

Diese Aufsplitterung war eine große Gefahr für die Einheit der Kirche, deshalb sagten sich besorgte Christen: „So kann das nicht weitergehen. Wir müssen uns darüber klarwerden, welche Schriften wir als echt, von Gott offenbart, anerkennen wollen. Diese Sammlung wollen wir dann Kanon nennen, und nur die in diesem Kanon enthaltenen Schriften erkennt die Kirche als echte heilige Schriften an."

Nun erhob sich aber die Frage: „Welche von den vielen Schriften nehmen wir in diesen

Kanon auf?" Man überlegte lange, dann kam man zu der Einsicht, man solle nur die Schriften nehmen, in denen die Überlieferung der Apostel bewahrt war. Denn da die Apostel die Weggenossen Jesu waren, mußten sie am besten wissen, was Jesus wollte und was er gesagt und getan hatte.

Wahrscheinlich um 180 legte man den noch heute gültigen Kanon der heiligen Schriften fest. Dieser umfaßt im wesentlichen die Schriften des Alten Testaments, weil diese – wie die Christen meinen – auf Jesus als den kommenden Heilbringer hinweisen, ferner die Evangelien des Matthäus, Markus, Lukas und Johannes, die Briefe des Paulus, die Apostelgeschichte, die eine Fortsetzung des Lukasevangeliums ist, die Offenbarung des Johannes und Briefe des Petrus, des Johannes, des Jakobus und des Judas.

Ein sogenanntes Glaubensbekenntnis dient seit jener Zeit als allgemeiner „Schlüssel" zu den heiligen Schriften. In diesem Glaubensbekenntnis wird in kurzer, bündiger Form zusammengefaßt, was in den heiligen Schriften ausführlich dargestellt wird: Gott hat die Welt erschaffen. Um allen Menschen das Heil und das unzerstörbare Leben zu bringen, hat er seinen Sohn zu den Menschen geschickt. Dieser ist durch den Tod hindurchgegangen und hat den Menschen deutlich gesagt, wie sie leben müssen, damit das Gottesreich für sie Wirklichkeit werden kann.

58 Um das Jahr 180
finden wir
um das Mittelmeer herum
ein breites Band
christlicher Gemeinden.
Von hier aus
dehnt sich der neue Glaube
in das Hinterland aus.
Noch beschränkt sich
die Kirche im wesentlichen
auf das Römische Weltreich.

Um 180 nach Christi Geburt sind die unruhigen „Kindertage" der Kirche vorüber, die Zersplitterung in viele kleine Gruppen ist aufgehalten. Der Kanon der heiligen Schriften ist festgelegt, immer mehr Gemeinden erkennen Rom als eines der Hauptzentren des neuen Glaubens an, und auf vielen Zusammenkünften, die man Konzilien und Synoden nennt, bemühen sich Bischöfe, Priester und Laien darum, in Gesprächen die Einheit des Glaubens zu erhalten.
Stellen wir uns vor, um 180 reist jemand durch die Gebiete, in denen es schon christliche Gemeinden gibt. Er muß eine lange Reise unternehmen, denn der christliche Glaube ist schon sehr weit vorgedrungen.
Begleiten wir nun unseren Reisenden auf seiner langen Fahrt. Beginnen wir dort, von wo der neue Glaube ausgegangen ist. Die Bekehrung von Juden in Jerusalem hört nach der Zerstörung der Stadt im Jahr 70 so gut wie ganz auf. Eine starke Gemeinde aus getauften Heiden bildet sich in Cäsarea. Von Antiochien aus missionieren die Christen die weiter östlich gelegenen Gebiete, vor allem Mesopotamien, das Zwischenstromland. Von dort aus dringen Missionare nach Persien vor. Auch in der arabischen Wüste predigen Missionare. In der heutigen Türkei findet unser Reisender eine starke Christengemeinde in Ephesus. Von Griechenland, beispielsweise von Korinth aus, wagen sich Christen in die Donauländer, bis nach Serbien und Ungarn.
Auf seiner Fahrt nach Rom hört unser Reisender öfter den Ausdruck, Rom sei „die Vorsitzende im Liebesbund". Hier ist die Überlieferung der Apostel am lebendigsten, und die Sorge um die Schwachen und Kranken ist in der Gemeinde von Rom vorbildlich.
Weiter geht es nach Gallien, dem heutigen Südfrankreich. Dort haben sich Handwerker und Kaufleute aus Syrien, Griechenland und Rom niedergelassen. Sie bemühen sich vor allem um die Missionierung der Kelten.
An der spanischen Ostküste herunter fährt

unser Reisender nach Nordafrika. Um Karthago herum liegen viele Missionsstationen, und von der Missionsschule im ägyptischen Alexandria aus ziehen Missionare den Nil hinauf. In den Dörfern predigen sie in der einheimischen koptischen Sprache, denn Griechisch verstehen die Leute hier nicht. Immer mehr Missionare erlernen fremde Sprachen und schauen sich genau an, wie die Menschen in fremden Ländern leben, arbeiten und feiern. Umso besser können sie diese Leute an die Frohbotschaft Jesu heranführen. Nach dem Rat des Paulus werden sie in Ägypten „wie die Ägypter", in Gallien „wie die Kelten" und in der arabischen Wüste „wie die Araber."

Unser Reisender erkennt, daß sich der neue Glaube von den Rändern des Mittelmeers aus immer stärker in das Hinterland ausdehnt.

59 Nach der Missionierung des östlichen Mittelmeerraums wenden sich die Missionare verstärkt den Ländern im Westen zu. Sie gründen in Frankreich, Spanien und im Westen Deutschlands christliche Gemeinden.

Am Anfang lag der Schwerpunkt der Missionsarbeit in den Gebieten hinter den Küsten des östlichen Mittelmeers. Später wenden sich die Missionare verstärkt dem westlichen Mittelmeerraum und dem Nordwesten zu. Sie predigen die Frohbotschaft Jesu in Frankreich, Spanien und dem Westen Deutschlands, das damals noch Germanien heißt. In Trier an der Mosel finden sich Spuren früher christlicher Missionare. In Köln hat man Gläser mit christlichen Zeichen darauf gefunden. Sie stammen wohl von syrischen Glasbläsern, die das Christentum mit an den Rhein gebracht haben. In dem

wiederaufgebauten Römerkastell Saalburg im Taunus kann man auf der Signalpfeife eines unbekannten Soldaten die Worte lesen: „Annius fidelis“, das heißt, Annius ist ein gläubiger Christ.

Doch sollte man nicht glauben, Missionare und die vielen Christen unter den Händlern und den Soldaten hätten die Heiden ganz leicht für Jesus und seine Kirche gewinnen können. In Trier, bei Heidelberg, in Dieburg, Stockstadt, Osterburken und auf der Saalburg hat man Versammlungsräume und Zeichen von Mithras-Bünden gefunden, von denen wir schon berichtet haben.

Viele ließen sich taufen, hielten aber oft an alten heidnischen Bräuchen fest und waren nur sehr schwer dazu zu bewegen, ein wirklich neues Leben anzufangen. Oft war es für einen Missionar leichter, Tausende von Kilometern in unbekanntes Land vorzudringen, als mit der Botschaft Jesu wirklich in das Herz eines einzigen Menschen einzudringen. Nicht viele Christen konnten von sich sagen, was um 180 zwölf christliche Märtyrer in Nordafrika vor ihrer Hinrichtung dem römischen Beamten sagten: „Wir haben niemals etwas Schlechtes begangen und niemandem etwas Böses gewünscht.“

Inhalt